JN068110

人前で
あがらずに話せる
100の法則

How to Calm Your Nerves Before a Public Speaking

あがりメカニズムから
導き出した実践法

話し方教室セルフコンフィデンス主宰
コミュニケーションカウンセラー
新田祥子
Shoko Nitta

日本能率協会マネジメントセンター

はじめに

　あがり症の克服に認知行動療法が有効であることはよく知られています。

　本書も認知（思考や感情＝脳）と行動（話し方）の両面から、たくさんの原因と解決策を紹介しています。

　人の行動の背景には必ず感情が伴っており、それは人前で話すという行動においても変わりません。

　たとえば、人前で話すことにまったく苦痛を感じない人がいる一方で、人前で話すことを考えただけで恐怖心がつのり、何日も前から眠れなくなるという人もいます。

　その違いはなぜ生じるのか？

　また、どのような話し方をすれば自信につながるのか？

　本書では、その答えや方法を具体的に紹介しています。

　あがり症で悩んでいる方や話し方に問題を感じている方にとって、本書が少しでもサポートできれば、これ以上の喜びはありません。

　実は私自身がかつてはあがり症に悩んだひとりです。あがり解消のために話し方講座に参加したこともあります。そのときの指導は、「とにかく場数をこなせばいい」ということでしたが、いくら場数をこなしても、人前で話すときのドキドキを抑えることはできませんでした。

　そこで、「なぜあがりは起こるんだろう？」と考え、科学的な根拠を求めて勉強しはじめたのです。

その結果、あがり症の克服には認知行動療法が有効だと知り、そこにあがり症克服に特化した独自の視点で、最初のスピーチからドキドキせずに話せる理論とツールを構築しました。

　そして、私のような悩みをもつ人たちに少しでもお役に立ちたいと考えて、あがり症克服講座をスタートさせました。

　その講座は現在、15年めをむかえ、およそ4000名の方のあがり症からの解放に関わることができました。

　あがりの悩みは人それぞれに違いがあります。そこでまずは、私が主宰する講座を受講された方々があがりについてどんな悩みをもち、どのように克服していったのかをご紹介したいと思います。みなさんのあがり症克服の参考になれば、幸いです。

◎あがり症を克服した4人の話

赴任先の米国のスピーチ教室での指導であがり症が強化
今はスピーチもメディア対応もOK
（株式会社ソノリテ代表取締役　齋藤和政さん）

　齋藤さんがあがり症を自覚したのは中学生のころだったそうです。小さいころから柔道をやっていたこともあり、常に「こうでなければならない」とか、「こうであるべき」という思いで自分を律し、頑張ってきました。

　後になってこの思い込みがあがり症と関係していたことがわかったそうです。

　社会人になってからもあがり症は続きました。そうしたとき、

アメリカに赴任することになり、これを契機に赴任地でスピーチ教室に通うことにしました。話し方を磨いて、あがりの呪縛を解き放とうと思ったからだそうです。

しかし、これは裏目に出ました。外国人の講師にはスピーチのダメなところばかり指摘され、すっかり自信を失いました。

その思いを引きずったまま、再び日本勤務となったのですが、朝礼の短いスピーチでさえ身体が震え、朝礼の当番日の何日も前から眠れずに、当日は声もやっと出るような状態でした。

何とかするために、日本でもいくつかの話し方教室に通い場数を踏みましたが、まったくダメでした。

そんなときに私のもとに訪れたのです。

齋藤さんは3日間の短期集中講座に参加されました。条件反射を遮断する話し方とリズムを整える話し方で、初日の夕方にはドキドキせずに話せるようになっていました。

普通はこの段階で身体の震えもなくなるのですが、斎藤さんの場合は残念ながら身体の震えが残ってしまいました。

なぜなのか原因を知るためにいくつか質問をし、小さいころから柔道をやっていたために筋肉が収縮しやすい、つまり交感神経が優位になりやすい素地があることがわかりました。

それからはさまざまな方法で身体がリラックスする条件づけを行い、2日目の終わりには震えもなくなりましたが、今度は「腕組み」が外せないことに気づきました。

腕組みをして自分を守ろうとする背景には、その人なりの思考・不安がありますので、斎藤さんは3か月ごとに講座に通っていただきました。

いまでは経営者として、社内外で人前で話したり、メディア対

応なども堂々とこなすことができているそうです。

小学生のときの授業の朗読があがり症のきっかけ
今では人前で話すことが楽しいと思えるほどに

（会社員　30代）

　この方は、小学生のときの授業の朗読で声が震えたことをきっかけに、逃避の人生が始まったそうです。先生から当てられないように、なるべく目立たないように、気配を感じさせないように生きていた小学校時代ということでした。

　そして中学生になったとき、あがり症が決定的になりました。他の地域から来た新しいクラスメートの前で自己紹介したとき、緊張のあまり声が震えてしまったそうです。

　以来、社会人になってかもあがり症はついて回り、人前で話すことは避けてきたそうです。

　転機は役職に就いたときに訪れました。人前での発表や報告の機会が増え、そこから逃れることができなくなったのです。

　元来、行動力には自信をもっていたとのことで、考えられることはすべて試したそうです。

　話し方教室にも通い、100名の前でのスピーチ大会にも参加し、少しは自信ができたようにも思えたそうです。

　しかし、会社での発表や報告だと何日も前から不安で押しつぶされそうになり、話し方教室以外に催眠療法やあがり症克服に特化した講座など200万円ほども費やしたにもかかわらず、あがり症は克服できなかったそうです。

その悩みをかかえたまま、私の教室に見えました。

私の講座では、あがり症を脳の問題として捉え、「脳を安心感で満たす」ことを説明し、スピーチとメンタルタフネスの２つを実践していくのですが、この方に対してもトレーニングに際して一方的に指導するのではなく、「なぜ、そうなのか」「なぜ、そうするのか」を説明し、納得してもらいながら進めました。

この方の場合はとくに早口に問題があると見て、アゴを止めての話し方を指導したところ、話し方に変化が現れ、ふだんの会話のように落ち着いてスピーチできるようになりました。

自分の話し方の抜本的な問題を知り改善したことで、あがり症が克服できたのちは、人前で発表することが楽しいとさえ思えるようになったそうです。

人前で話すときは常にパニック状態だった
現在では研修講師として活躍するまでに

（社会保険労務士・研修講師　飯田吉宏さん）

頭がまっ白になることと、話が組み立てられないことで、長年、人前で話すことが苦しくて仕方がなかったという飯田さん。

人前で話そうとするとパニック状態になるのが常で、どのように話そうか迷っているうちに心臓がドキドキし、体もユラユラ揺れ、その状態がとても不快で、聞き手の方を見ると無表情の顔ばかり……。話し終わったときは後悔と自己嫌悪で何日も落ち込んでいたそうです。

そんな状態の６年前に大学講師の仕事が舞い込み、今後のキャ

リアにつながると考えて引き受けたものの、頭の中はあがり症のことで不安でいっぱいだったそうです。

そこで一念発起して私の講座を受講することになったのです。

まず飯田さんが感じている問題点等をお聞きし、問題の原因は、暗記の習慣で頭が真っ白になること、暗視するのは話のまとめ方がわからないことにあると判断できました。そのため飯田さんには、話の中身を論理的に整理すること、イメージで話すこと、この2つに特化して指導しました。

自分の問題点と改善点を客観的に知ることができたことが奏効したようで、講座終了時には「ドキドキせずに、人前でわかりやすく話ができる」状態に変わりました。

あがり症から解放された飯田さんは、大学講師の仕事はもとより、現在は研修・セミナー講師としても活躍されています。

40年も悩んできたあがり症
今は人前で話すことが楽しくなるほどに

（会計事務所経営　50代）

この方のあがり症の始まりは中学1年生だったそうです。きっかけは、小学校4年時に地方から東京に転校して来たときの授業の朗読。なまりが入った読み方をすることでよくみんなから笑われたことにありました。そのときはあがりという意識ではなかったようでしたが、中学1年生になって突然、あがりを自覚し、国語や英語の授業では心臓が破裂しそうになり、声も震えるようになってしまったのです。

　それからは何十年もの間、人前で話をすることにおびえながらも、なんとかしたいとの思いから話し方教室に何ヵ所か通ったものの、「話に慣れろ」形式であまり効果はありません。

　その一環で私の講座を受講することになったのですが、私はこの方のこれまでのバックグラウンドを伺いながら、「話に慣れろ」ではなく、「なぜそうするのか」を説明して納得という感情を引き出してから、スピーチの実践を行いました。

　そのなかで、アゴの開き方や舌の動かし方など話し方の技術指導と、話をする前のメンタルの対処法などの指導も加えました。

　とくに目に見えて効果があったのは、リズムを整えて話すことでした。早口気味だったので、頭の中でトントンとリズムを刻むように話し方を改善してもらったところ、落ち着きが出始め、話す言葉もスムーズに出てくるようになりました。

　現在では結婚式のスピーチや得意先の創業記念パーティーの乾杯の挨拶など、落ち着いて一人ひとりの顔も見えて、聞き手にしっかり聞いてもらっていると実感しながら話せるようになったとのことです。

　以上、私の講座の受講者の体験談ですが、このように人にはぜったいに言えない、でも心の奥深くにずっと抱えている苦しみ。それがあがり症の人の悩みです。

　ですが、あがり症は改善できます。

　その改善方法のきっかけが本書であれば、筆者としてとても嬉しいことだと思います。

第2章 ドキドキや震えを抑える
セルフマネジメント

第3章 あがらないで話すコツ&習慣

第**5**章 話し方が上手になる
日常の会話術

第1章

あがり症の理解が
克服へのスタート

他者の評価が気になると、本能的にドキドキする

●あがりの原因

人はなぜあがるのか、多くの人が疑問に感じているのではないでしょうか？

原因は「他者からの評価」に対する不安・恐怖心です。

この不安感や恐怖心が脳を防衛的にし、自分でもコントロールできないほどのパニック状態に導きます。

その結果、心臓はバクバクし、声は震え、全身から汗が吹き出して、自分が何を話したのかさえ覚えていません。

そのうえ、話した後に自己嫌悪に陥り、何日も落ち込んで自分を責め続けます。

●「不安を感じたらドキドキする」のは本能的な反射

「たかが人前で話すだけなのに！」

多くの人がそう思いながら自分を責め、悩み、苦しみます。

ですが、人が不安という刺激を感じたら、ドキドキという反応を示すことは、本能的な反射です。

では、不安という感情はどのようにして起こり、ドキドキという身体症状の背景には何があるのか？

　本書を通して、1つ1つ解説していきたいと思います。

●あがり症はSADという病気として認定されている

　あがり症はSAD（社交不安障害）という病気として認定されており、投薬治療の対象となっています。

　私も、病気であるとの認識です。

　ですが、すべての人が薬を飲まなければ克服できないのかというと、決してそうではないとも考えています。

　たしかに強い不安状態が長く続くと、脳内に不安物質が生成されやすい環境がつくられます。

　これは、さまざまな研究からも明らかになっていることでもあり、事実としてあがり症の人にはうつ病を併発している人が多いとのデータもあります。

　しかし、適切な指導を受ければ、薬を飲まなくても十分に解決を図ることが可能であることもまた事実です。

＊あがるのは「他者からの評価」に対する不安・恐怖という感情から。不安を感じたらドキドキして心拍が早くなるのは本能。

話し中に現れる症状と、記憶に基づく条件反射との違い

●あがりとあがり症の定義

「人は人前で話すたびにあがり、あがり症を強化している」

これは私が「あがり症克服講座」を開設して以来、ずっと提唱している言葉です。つまり、「あがり」と「あがり症」は異なるということですが、違いを明確にするために、それぞれの言葉を次のように定義しました。

・あがりとは、「発話中に生じるさまざまな身体症状の集合体」

・あがり症とは、「記憶に基づく条件反射」

あがりがスピーチなどの最中に起こる現象に対して、あがり症は人前で話すことを考えただけで反射的にドキドキしたり息苦しくなったりする、記憶のBOXにインプットされた条件反射です。

●スピーチやプレゼンを認識した瞬間にドキドキ

あがりによる身体症状の変化、つまり**ドキドキや息苦しさなどの身体症状は、スピーチやプレゼンという言葉を認識した瞬間に生じます。**

たとえば、数日後プレゼンがあり、準備不足で資料や内容に自信がないとき、「プレゼン」と「準備不足」がリンクし、瞬時に

不安という感情を誘発するのです。

●交感神経が優位になると「あがる」

　また、この不安感が次の不安を煽り交感神経はどんどん優位になってパニック状態に陥ったときに、筋肉や血管が収縮してドキドキなどの身体症状が起こり、そのときに人は「あがった」ことを認識します。

　これら身体症状は人前で話すときにかぎらず、日常生活のなかで多々あります。たとえば駅の長い階段を上がっているときなど、途中で心臓がバクバクしてしまいますね。人前で話すときも階段を上がるときも、身体症状は一緒です。しかし、駅でドキドキしても私たちはあがったとは考えません。

●身体症状は筋肉と神経細胞の反射の問題

　ここから何がわかるかというと、**ドキドキなどの身体症状は状況や場面と直接の因果はない**ということです。

　階段で心臓がドキドキするのは、ハードに筋肉を使ったために起こる現象。一方、人前で話すときのドキドキは、不安感情が交感神経を優位にした結果、筋肉が反応して起きている症状。

　結果は同じですが、原因は真逆です。

　この現象からも、**身体症状は神経細胞と筋肉の間にあり、話し方の問題であがるわけではない**ことがわかります。

＊激しい運動をしたときのドキドキと、人前で話すときのドキドキのしくみは一緒。話し方に問題があってあがるわけではない。

あがり症の条件反射は、「パブロフの犬」と同じこと

●あがり症を PTSD と捉える研究者も

　あがり症になると、発表の何日も前から憂鬱な気持ちになって落ち込み、会社を辞めようかと本気で考え、そんなことを考えてしまう弱い自分が情けなくて自己嫌悪、この悪循環に陥ります。

　この苦しみを長期間抱えてしまうのが、あがり症です。

　人は記憶に基づいて未来の行動をイメージするので、あがった記憶のある人は、スピーチやプレゼンという言葉に敏感に反応します。この反応によって、交感神経が自動的に優位になり、筋肉や血管が収縮し、あがりの身体症状を引き起こします。

　あがったことを記憶しているのは神経細胞。脳が安心すればあがらないのですが、**どうやって脳を安心させるか。それがあがり症克服の糸口になります。**

　だからこそあがり症は、PTSD（心的外傷後ストレス障害）やSAD（社交不安障害）として国が認め、投薬治療の対象とされているのです。

●条件反射とは「パブロフの犬」と同じ状態

　あがり症は、行動分析的には「**レスポンデント条件づけによる**

条件反射」といいます。いわゆる「パブロフの犬」です。

　ロシアのパブロフ教授が、犬に肉を与えるときにベルを鳴らしていたら、犬はベルの音を聞いただけでよだれを垂らすようになったという、あの有名な話です。

　この条件反射をあがり症にたとえるなら、犬はあがり症の人、肉は人前、よだれは心臓のドキドキなどの身体症状です。

　実は、私たちの日常生活には、あがり症以外でも、レスポンデント条件づけによる行動抑制の現象はたくさんあります。

●あがり症と似た症状は日常生活にも多くある

　たとえば、水泳が好きだったのに、おぼれてからは水が怖くて泳げなくなってしまったという人、夜中に追いかけられてからは1人で夜道を歩けないという人など、すべてはレスポンデント条件づけによるものです。

　なぜ、あがり症ほどの悩みにはならないかというと、日常生活にそれほど影響しないからです。泳がなくても人生に困ることはないし、夜道を1人で歩かないという選択ができます。

　しかし、人前で話すという行為は、社会生活を送るうえで欠かすことができません。何か会合があれば自己紹介があり、頼まれてスピーチをしなければならない場面も多々あります。

　人と話すことや人前で話すことは社会生活に欠かせないため、悩みの種にもなるのです。

＊あがり症はPTSDやSADという病気であるため、単なる場数を多く踏めば解消できるわけではない。

性格ともされるあがり症は、学習によって改善できる

●身体の中の反応は他人からは見えない

　スピーチやプレゼンを前にして、心臓がバクバクし、頭に血が上った状態を自覚しているのに、周囲からは「発表を前にして落ち着いているね」とか、「余裕の表情だね」と言われて違和感を感じたという経験、あなたにもあるのではないでしょうか？

　なぜ、自分が感じた身体の変化と、周囲からの評価に差が出てしまうのでしょうか？

　人は脅威を目の前にしたときに、脅威に対して闘うか逃げるかを峻別して態勢を整えることが本能的に身についています。

　このときにドキドキしたり呼吸が早くなったしますが、こうした身体内部で起きている変化は、外部からはわかりません。

　これは痛痒や生理現象と同じことで、たとえば胃が痛い、トイレに行きたいと思っている人がいても、外見から知ることができません。相手から意思表示があってはじめてわかることで、あがり症もそれぐらい他人からは見えないのです。

●声やマイクを持つ手の震えでわかるぐらい

　他の人にわかるのは、症状が身体の外部に出た「あがり」のと

きです。たとえば、声の震えやマイクを持つ手の震えなどは、緊張していることがわかってしまいます。しかし、それ以外のほとんどは他人からはわかりません。

●あがり症は性格なのか

　もしかしたらあなたは、「私があがるのは性格のせいだから仕方がない」と思っていませんか？

　では、性格とは何でしょうか？　生まれたときから決まっていて、生涯変わらないものでしょうか？

　最近の研究では、性格は生まれつきではなく、家族や友人、育った環境や社会などから学んだ行動が習慣化したもの、という説が一般的です。

　その説に則れば、考え方やものの見方、受け止め方などの思考の習慣。食べ方や箸の持ち方や座り方などの動作の習慣。これらはすべてこの世に生まれてからの経験や知識で身につけたものであり、性格と呼ばれる習慣であるということです。

　しっかり記憶に定着しているからこそ可能な習慣化ですが、あがり症も経験という学習によって身につけてしまった習慣なので、ある意味では性格と捉えることもできます。

　しかし、新しい学習で必ず改善できるもの。

　ドキドキせずに話せた記憶を脳に上書きすれば、「あがらずに話す」という新しい習慣をつくることができます。

　＊性格は学習によって身につけた思考や行動の習慣。新しい学習をすることで、あがり症は改善できる。

マイナス面を意識する人と、プラス面が意識できる人

●何が左右するのか

　人にはあがり症になりやすいタイプと、そうではないタイプがあるようです。

　違いはどこにあるのか？

　個人的には、プレゼンやスピーチの前後の行動で判断できると考えています。

　たとえば、スピーチやプレゼンが終わったときに、「あ～、緊張した」と言って終わることができる人は、あがり症にはなりにくいようです。

　なぜなら、**「ドキドキして言い忘れたこともあったけれど、必要なことは言えた」と良かったところに注目することができている**からです。

　このようなタイプは発表のたびに自信をつけ、脳内に「大丈夫！」という言葉がたくさん刻まれるため、あがり症になることが少ないのです。

●あがり症の人に多い準備のしすぎと反省会

　一方、暗記するほど準備して、発表後も反省会を開いてダメ

だったところに注目してしまう人は、あがり症になる確率がかなり高いといえます。

　しっかり準備するのは、不安感が強いから。終わったあとの反省会は、ダメなところを選んで記憶していること。脳のなかは「ダメダメ」言葉でいっぱいです。

　だから、周囲にどう思われるかが気になり、「あそこはこう言えばよかった」とか、「あんなことを言ってしまって、失敗した」とマイナス面ばかりに注目して、自己否定感を強くします。

　このような人はすでにあがり症かもしれません。

●自分にダメ出ししていると……

　会議の場でも、発言する前から「こんなつまらない意見、みんなにバカにされないだろうか」と考えてしまう人は、あがり症になりやすいです。

　発言する前から、自分の意見はつまらないと決めつけているのですから、恥ずかしくて発表などできるわけがありません。

　自分が勝手につくりあげたイメージで悩み、誰もバカになどしていないのにバカにされると決めつけて、自分にダメ出ししている。怖くて発言できないのは当然です。

＊自分で自分を否定し、悩みを深める悪循環から抜け出せずにいるとあがり症は改善できない。

大人に近い脳への成長が、
私的自意識を強くする

●授業中の朗読であがった!?

あがり症になるきっかけでもっとも多いのが、中高生時代の授業での朗読です。そのときに声が震えてしまって、それ以来、本を読むことはもちろん話すこともダメで、人前で何かすることは避けてきたという人は、たいへん多いです。

私が主宰するあがり症克服講座の受講生のなかには、小学生のときのピアノの発表会で失敗してから、人前での行動はいっさいダメという女性がいました。

また。中学生になったときに、親戚の人に発音がおかしいと言われたことがきっかけで話すことが苦手になり、50代になってから舌の手術までしたという男性もいます。

●中学2年生のころに脳が変わる?!

なぜ10代でのあがり症を発症する人が多いのかというと、中学2年のころに「**大人に近い脳**」になるからです。大人に近い脳とは、自分を客観的に見ることができるようになるために、自意識がとても複雑になるということです。

自意識には私的自意識と公的自意識があり、公的自意識は3歳こ

ろから芽生えはじめますが、自分の内面や感情に敏感に反応する私的自意識は、中学2年生のころから芽生えると言われています。

　私的自意識が芽生えると自分について考えることも多くなりますが、**「恥」という感情を知る**ようにもなります。

　その結果、おしゃれに気をつかうようにもなりますが、人と異なることや人前での失敗に対して、ものすごく敏感に反応するようになります。

　そして、恥をかくような出来事に遭遇したら、二度と恥をかかないようにと強く決意するのですが、この決意があがり症の条件づけになって記憶されてしまうのです。話し方に問題があってあがるのではない、その根拠がここにもあります。

●小学生で自意識が敏感になることも

　中学2年生で大人に近い脳になることは科学的に証明されていることでもありますが、4000人以上のあがり症の人と接してきた私の経験では、中学2年生を基準に、±5年の幅をもたせて脳の変化を捉えてもよいのではないかと考えています。

　というのも、「脳」は刺激を受けることで成長するので、小学生のころに自尊心が傷つくような出来事に遭遇した人は、私的自意識の目覚めも早く、自意識が敏感になりやすいです。反対に、高校生になってから自意識が敏感になるような出来事（刺激）に遭遇すれば、私的自意識の目覚めも遅いですので、脳の変化やあがり症の条件づけに年齢の差が出てしまうのは当然ですね。

＊私的自意識が「恥」という感情を強くし、「恥」をかかないようにと強く感じることがあがり症の一因にもなる。

見せたい意識が強くなると、
防衛的になる

●社会人になってのあがり症

　あがり症になるきっかけは、中高生のときに限るわけではありません。社会人になってからあがるようになったという人も、たいへん多いです。

　新入社員の研修でいきなりスピーチをさせられ、頭が真っ白になってから、人前で話すことが大の苦手という人。

　また、厳しく細かい上司のもとで働くようになってから、仕事の報告をするだけでも声が震え、全身が汗ばむようになり、部署の異動で上司とは離れたけれど、あがり症だけは解決できなかったという人もいます。

●あがり症で出世のチャンスを断るケースも

　なかには、あがり症のために役職に就くのを断ったという方もいます。役職に就いたとたんにあがり症になるケースは多いのですが、出世よりも自尊心（プライド）。そう選択せざるを得ない苦しみが理解でき、とてもやるせない気持になります。

●不安感から自分を厳しくチェック

あがり症の人は真面目で努力家というよりは、"生"真面目で"超"努力家。ストレスを感じやすい認知傾向をもっています。同時に、向上心が強いこともその特徴として挙げられます。

内面的には完全主義者であるため、何をしても達成感が得られないことから自己否定感や不安感が強くなり、なかなか合理的な判断や受け止め方ができないという特徴もあります。

話しているあいだも常に自分を監視し、「息継ぎがうまくできない」とか「声が震えてきた」など、ダメなところに意識が向き、ネガティブな雑念が浮かんで話に集中できません。

●雑念の背景に周囲に「見せたい」自己イメージ

雑念の背景や原因は人によって異なりますが、共通しているのは、周囲に見せたい自分のイメージが強いこと。

イメージどおりに伝わっているかが気になり、細かいチェックをしては、ちょっとしたミスを大げさに捉えてしまいます。

周囲にどう見られてもかまわないなら、自分を細かくチェックする必要もないですから、小さなミスで動揺せず、防衛的になることもありません。

家族や信頼できる友人と話しているときは自分の印象を操作して、意図的に良く見せようとはしませんから、「人前」を「家族の前」に変えて、脳を安心させましょう。

＊周囲に自分を良く見せたいという自尊心が、ちょっとしたミスでも大きなミスと捉えてしまう。

話がヘタだと思うことで、あがりが誘引される

●あがり症の人は上手な話し方をする!?

人前であがるのは話がヘタだから、そう考えている人が多いようです。ですが、あがりと話し方に直接の因果はないことはすでに述べたとおりです。

「話がヘタだ」という考え方が、交感神経を優位にはたらかせてドキドキさせてしまうのでしたね。

実は、あがり症の人の大半は、とても話が上手です。なぜかというと、話すことに自信がないために、内容や話し方にとても気をつけながら話すからです。あがり症の人には生真面目で超努力家が多いことからも、そのことは理解できると思います。ただ、人一倍あがりに対する悩みをもっているために、あがりと話し方を関連させ、「話がヘタ」と思い込んでいるだけなのです。

私の講座に参加される方々も、皆さんとても上手に話されますが、心のなかでは全員が、**自分がいちばんあがっていて、話もヘタだと思っています。**

話がヘタと思うことがが交感神経を優位にし、ドキドキなどの身体症状を表出させていること、覚えておいてくださいね。

●「話がヘタ」と思い込んでしまう原因は大きく３つ

　念のため、話がヘタだと思い込んでしまう原因をお伝えしますと、大きくは３つの理由が考えられます。

　１つは、話の整理をするのがヘタなため、うまく話せないという人です。

　このタイプは話し方に問題があるのではなく、情報整理に問題があるので、考えたことを言葉にまとめるためのツールを知れば、問題の解決につながります。

　２つめは、話の内容をまとめることには問題がないのだけれど、滑舌や声に問題があって、言葉をかむ、何度も言い直すために、話がヘタと思い込んでいる人です。

　こちらは滑舌の問題なので、発音や発声のトレーニングで解決を図ることができます。

　３つめは、最近とても多いのですが、適切な言葉の選択ができないという人です。

　たとえば、言いたい言葉がすぐに出てこないとか、自分の考えや気持ちをうまく表現する言葉が見つけられず、上手に話せないという人です。

　こちらは語彙の問題もありますが、最近は脳がフリーズ状態の人もいますので、次項ではそのことについて説明します。

＊話す内容を整理し、自分の言葉で話すようにするとあがりを抑えられるようになる。

脳がフリーズすると、
すぐに言葉が出なくなる

●会話は問題ないのに、スピーチだと極端に言葉が出てこない

　考えたことを表現する言葉がすぐに出てこない、という悩みをもつ人は多いです。

　原因として、語彙の不足といった問題があるかもしれませんが、個人的には、脳がフリーズして頭が働かなくなっている人も多いのではないかと考えています。

　私の受講者のなかにも、思い当たるという人が何人もいらっしゃいます。

　そのなかのおひとり、改善が顕著だったウェブデザイナーの方のケースをご紹介します。

　その方は対面での会話はまったく問題がなく、明るく陽気で言葉のキャッチボールもとても軽やかでした。

　ところが、スピーチになった途端に、極端に言葉が出てこなくなり、思考停止の状態に陥ってしまいます。

　最初は暗記で頭が真っ白になっているのかと思いましたが、いろいろヒアリングを重ねるうちに、そうではないことがわかり、脳のフリーズを疑いました。

　仕事の内容や日常生活の過ごし方など、再度あれこれ質問し、

生活面での改善点や注意点などをアドバイスしたら、2週間後には劇的な変化がみられ、メモなし準備なしでもドキドキせず、言葉もスラスラ出てくるようになりました。

●脳内神経の80%とつながる視神経を使おう

　脳のフリーズについて簡単に説明すると、人の名前が覚えられない、すぐに言葉が出てこない、考えたことをうまくまとめられないなど、認知症の初期のような症状が出ます。パソコンを長時間使用する、30代のビジネスパーソンに多く見られる現象です。

　主な原因として、パソコンを長いあいだ凝視することで、視神経が狭い範囲でしか使われず、視神経や筋肉が硬くなり、それが脳内神経まで影響を及ぼしているといわれています。

　視神経は、脳内の神経の80%とつながっているといわれていますが、私の講座には脳を安心感で満たすために「人の顔を見ると安心する」という条件づけをするトレーニングがあります。

　あがっているときや緊張しているときは、なかなか人の顔を見ることができません。しかし暗闇は怖いけれど明るくなると安心するのと同じように、視神経を使うことで脳を安心させることができます。

　パソコンや携帯などを長時間使用するなど心あたりのある人は、目を上下左右に動かし、五感を使った生活を意識するなど、日常生活に気をつけていただきたいと思います。

＊一定の時間に休息を入れ、視神経が硬くならないよう目を全方向に
　動かすようにして、脳のフリーズを避ける。

恥をかきたくないのは、脳の防衛反応が原因

●ドキドキなど身体症状が起こる原因

あがり症の人にとってもっともイヤなことは、発話中のドキドキであり、声や身体の震えですが、この身体症状はなぜ起こるのでしょうか？

この視点で克服のための理論や方法を探っていたときにたどり着いたのが、「脳」でした。

さて、皆さんは脳の役割は何だと思われるでしょうか？

私は脳の役割をコンピューターにたとえ、「命の安全と安心を守るための情報処理機器」と捉えました。

そのために、「セキュリティ機能」と「問題解決機能」という2つの機能を備え、心身のバランスをとっているのです。

命を脅かす出来事や状況を素早く察知し、問題点を見つけるのがセキュリティ機能。交感神経と直結し、不安や嫌悪といった感情生起につながっています。

また、見つけた問題点を解決し、より快適な環境や状況を確保するのが問題解決機能。こちらは副交感神経の管轄で安心感や満足感、リラックスという感情生起につながります。

この2つの機能と自律神経の変動で、人は生命活動を行ってい

る、というのが私の考えです。

● 「自尊心」という命を守ろうとして防衛的になる脳

　命というとき、私たちは本能的に心臓を思い出します。

　しかし、人は心臓という肉体だけで生きるのではなく、ときには心臓よりも大切で守りたくなる「自尊心」というものをもっています。

　心臓が物理的な命とするならば、自尊心は精神的な命といえるかもしれません。

　人前で話すときや対人場面で、自尊心を守ろうとするのは本能的なもので、あがりとも大きな関係があります。

　恥をかきたくない、失敗したくないというという思いは、「自尊心」を守ろうとする本能的な条件反射。自動的に防衛的になってセキュリティ機能が稼働してしまいます。

● 問題解決に必要なのは「具体的」な方法と行動

　一方、セキュリティ機能でどれほど危機管理に優れていても、見つけた問題点を解決できなければ意味がありません。

　「恥をかいてはいけない」「失敗してはいけない」とセキュリティを高めたときに、「恥をかかないために何をすればよいか」と考えて、問題を解決しようとするのです。

　問題を解決しようとしたときに、具体的な解決法がイメージできれば、脳が安心し、ドキドキすることもありません。

＊脳の役割は命の安全・安心を守ること。命には心臓と自尊心の２つがあり、あがるのは自尊心を守ろうとする脳の反応のため。

自己を守る本能があるため、身体症状が出てしまう

●自尊心を考える

自尊心、よく聞く言葉ですが、自尊心とは何でしょうか?

多くの人は、脳裏にプライドという言葉が浮かんでいるかもしれません。では、プライドとは何でしょうか?

このように問答していくと、途中で思考停止になってしまいます。そのようなときは言葉を定義すると思考が前に進みます。

私は**自尊心**を「**自己存在に対する承認、自分を肯定したいという欲求**」と定義しました。

●3つの自尊心

アメリカの心理学者ウィル・シュッツは、人は3つの自尊心で構成されていると提唱しました。

1つは、**好かれたい、理解されたい、注目されたい**といった、「**自己好感**」という自尊心です。

たとえば、挨拶したのに相手から挨拶が返ってこなかったとき人はムッとします。なぜムッとしたのか、不思議ではありませんか?

理由は簡単で、私という存在を無視したから自尊心が傷ついて

腹が立ったのです。

　2つめは、**特別な存在でありたい、特別な存在として扱われたいという「自己重要感」**です。

　たとえば、ゴールドカードを出すときの満足感や、グリーン車に乗ったときの優越感にも似た感情を指します。結婚や恋人という社会的なレッテルも自己重要感を満たしてくれるツールで、この自己重要感が傷つけられたときに嫉妬という感情が芽生えます。

　3つめは、**有能でありたい、優秀であると思われたいという「自己有能感」**です。

　学歴や役職は有能さの象徴のようなものですが、企業の褒賞制度や職業なども有能さをイメージさせる社会的なツールですね。

　自信がないときに、失敗してはいけない、恥をかいてはいけないと考えてしまうのは、**自尊心という命を守るための脳のお仕事。そのためにドキドキしたり、声が震えたりといった身体症状の変化が起こるのです。**

＊精神的な命である自尊心には自己好感、自己重要感、自己有能感があり、脳はこれらの自尊心を起点に感情を振り分けている。

自尊心が傷つけられると、それを何十年も記憶する

●脳は「今後の生存に役立つ」ことから記憶していく

　人は生きるために必要なことを、幼児期からの経験や知識という学習によって身につけ、記憶のBOXにインプットします。

　その記憶はやがてその人の概念となり、この脳内情報を基準や前提にして考え、行動するようになります。

　そもそも、脳は何を優先して記憶するのでしょうか?

　もちろんそれは、「今後の生存に役立つこと」からです。

　なぜなら、脳の役割は命の安全・安心を守ること。命に危険を及ぼすことから優先して記憶するのは当たり前のことです。

　そのため、命の危険を感じさせることはもちろん、命を喜ばせることも優先して記憶します。

●脳が注目するのは非日常的な出来事

　たとえば、あがって声が震えたこと、大勢の人の前で恥をかかされたこと、同僚の前で叱られたこと、いじめられたこと、悪口を言われたことなど、**自尊心という命が傷つけられたことは、たった1回で記憶し、何十年たっても忘れません。**

　同様に、ケガをしたこと、交通事故にあったこと、病気で大き

な手術を受けたことも決して忘れません。

　一方、**命を喜ばせた出来事も脳はしっかり記憶します。**

　初恋の人、初めての海外旅行、小学生のときにほめられたこと、運動会で一番になったこと、有名人と会ったこと、全社員の前で表彰されたこと、思いがけないプレゼントなどいずれも自尊心という命を満たすことがらです。

●意識して安心・安全が確保された「日常」に注目する

　安全で安心な状況をつくるのが脳のお仕事ですから、脳が注目するのは非日常的なこと。

　平和な日常には注目せず、記憶にもとどめません。

　だからこそ、脳が注目しない、安全・安心が確保された日常の小さなことに意識を向け、注目する必要があるのです。

　健康であること、働く場所があること、好きな場所に自由に行けることなど、日々の小さな当たり前に注目できると、感謝や幸せに敏感な脳になり、喜びの多い人生になります。

　そのことが副交感神経を優位にさせ、リラックスしやすいメンタルの習慣につながります。

　このリラックスした状態をつくることは、ネガティブな思考の習慣であがりやすい脳にとって、とても大切なことです。

＊リラックスした気分にする習慣をつくることで、あがりを意識しなくなるようにする。

脳に注目した理論とツールで、あがり症は克服できる

●あがり症克服の理論は自律神経と体内時計から

ストレス神経ともいわれる自律神経。

私たちの体内環境のバランスを調整してくれる存在でもありますが、あがり症にも深く影響しています。

「脳が安心すれば、あがらない」という気づきを私に与えてくれたのも、この自律神経と体内時計への考察でした。

不安感情が強くなると交感神経が優位になって心拍数が上がり、副交感神経が活発になると心拍数が下がってリラックスできます。

脳の視床下部は自律神経を調節する中枢ですが、実はそこは体内時計も司る部位です。

視床下部の視交叉上核にあるのが親時計、心臓や血管などの抹消細胞にあるのが子時計で、親時計と子時計をつないでいるのが自律神経です。

この自律神経と体内時計のはたらきと脳の機能に注目して考え出したのが、第４章で解説している、リラックスしながら話せるようになる「条件反射を遮断する話し方®」と「リズムを整えて話す®」という理論であり、理論を実現するツールです。

●「脳を安心感で満たす」言葉のマネジメントも重要

　主宰する講座では、最初のスピーチからドキドキせずに話すことを実現しますが、それであがり症が克服できたというわけではありません。

　脳を安心感で満たす言葉のマネジメントも必須です。

　言葉には脳が安心する言葉と、脳の不安感を強めてしまう言葉がありますので、言葉のマネジメントも忘れてはなりません。

　また、ドキドキせずに話すためのツールである「条件反射を遮断する話し方」や「リズムを整えて話す話し方」は、1回でマスターできるほど単純ではありません。

　同時に、「ドキドキしないで話せた」という記憶の上書きも、ある程度の時間を要して、しっかり記憶を定着させる必要があります。

●脳を安心感で満たせば、あがらずに話せる

　上記2つの話し方を使って、脳を安心感で満たす言葉のマネジメントをすれば、緊張することはあっても、自己嫌悪になるほどあがることはありません。

　ですが、脳を安心感で満たす言葉のマネジメントを継続しなければ、時間とともに、再びあがるようになります。

　なぜなら、命の安全・安心を守るのは本能で、脳のお仕事だからです。脳が防衛的になれば、いつでもあがりの症状は出てしまいます。

＊あがらないために、「条件反射を遮断する話し方®」と「リズムを整えて話す®」を使って、言葉のマネジメントをする。

あがり症の克服

あがらずに話せたことを、脳に上書きすることが大事

●人はすべてを経験という学習で身につける

人は何か新しい出来事に遭うと、記憶のBOXを開き、過去の記憶に基づいてどのように対処すればよいのかを判断します。

その結果、ポジティブな記憶に基づく出来事に対しては安心感や満足感などの快感情で対応でき、行動に移すことができます。

反対に、ネガティブな記憶に基づく出来事に対しては嫌悪感や恐怖心などの不快感情が生じ、不安感や嫌悪感情のなかで行動するため、なかなか満足のいく結果が得られません。

あがり症を克服するために必要なことも、「ドキドキせずに話せた」という学習です。

多くの人が場数を踏んで何とかしようと考えるのも、場数で経験を積むという発想ですね。しかし、ドキドキしながらいくら場数を踏んでも、根本からの克服にはつながりません。

必要なのはドキドキしながらの場数ではなく、「ドキドキせずに話せた」という記憶の上書きをするための経験学習です。

＊あがり症は記憶に基づく条件反射。克服するためには「ドキドキせずに話せた」記憶をつくることが必須。

第2章

ドキドキや震えを抑える
セルフマネジメント

セルフマネジメントをすれば、ドキドキせずに話せる

●脳を安心感で満たそう

皆さんはどのような状況が実現できたら、「あがり症が克服できた」と実感できるでしょうか?

心臓がドキドキせずに話せた、身体が硬くならず声も身体も震えずに話せた、途中で頭が真っ白にならずに話せた……。

このような経験が、異なる場や異なる人の前で継続して実現できたら、あがり症が克服できたと実感できますね。

では、そのために何が重要かというと、脳を安心感で満たす「セルフマネジメント」です。

脳が安心感で満たされれば、心身を活性化する交感神経が優位に働くこともなく、交感神経が優位に働かなければ、筋肉や血管が収縮してドキドキなどの身体症状が起こることもありません。

第1章で紹介してきたように、あがりは脳が感じる不安や恐れという感情が交感神経を刺激し、その刺激に筋肉が反応してドキドキなどの症状が起こり、そのときに私たちは「あがった」と認識するのでした。

つまり、**あがらずに話すためには、「脳を安心感で満たす」というセルフマネジメントが欠かせない**ということです。

●日々の思考や行動の多くは自動化された習慣

　なぜ、セルフマネジメントが大事かというと、私たちの思考や行動の多くは自動化された習慣だからです。

　たとえば皆さんは、毎朝出勤するのに、いつもの時間に起きて、顔を洗い、朝食を食べ、定刻どおりに家を出て、いつもの電車に乗る、ということを習慣にしていると思います。

　これらは長年の生活のなかで身につけた習慣なので、特別に意識しなくても自動的に行うことができます。

　しかし、急に早朝出勤しなければならないときや、出張で朝早い時間に新幹線に乗らなければならないようなときはどうでしょうか？　前日からさまざまなマネジメントを行い、出張に備えるのではないでしょうか？

　たとえば、前夜の就寝時間を早めたり、目覚まし時計の起床時刻を変えたり、遅刻しないために必要なことを１つ１つチェックして対策すると思います。

　あがり症の克服も、これと一緒です。

　感情や話し方のマネジメントをして脳を安心感で満たし、交感神経が優位にならないよう配慮しながら、あがらずに話すことを実現していくのです。

　「脳を安心させる」を意識しながら、話すという行動と感情（＝言葉）のマネジメントをすれば、必ずドキドキせずに話せるようになります。

＊あがり症を克服するためには、脳を安心感で満たすマネジメントが
　必須となる。

あがらないためのセルフマネジメント術②

セルフマネジメントが、あがらない習慣をつくる

●予期不安をコントロールする

　あがり症になるとスピーチやプレゼンという言葉を聞いただけで、あるいは人前で話すことを考えただけで、手が冷たくなったり、胸に圧迫感が出たりします。

　これは予期不安から出る症状で、本能的なものです。

　予期というのは記憶に基づくイメージですが、イメージできたことは実現してしまいますから、あがらないで話すためには予期不安をコントロールするためのマネジメントが必須です。

●話し方と情報整理のマネジメントを行う

　一方、話すことに自信がないことや話し方に問題を感じることで不安感情が強くなり、あがってしまう人もいます。そのような場合は、話し方に対するマネジメントも欠かせません。

　たとえば、話し方の問題としては、**頭のなかで考えたことをわかりやすく伝えるための「情報整理」に関する問題**と、**滑舌の悪さや声の震え、早口といった「話し方」に関する問題**の２つの側面があります。

　解決するにはどちらも、その具体的な解決法を知り、話し方の

ブラッシュアップを図っていく必要があります。

　また、話している最中にドキドキしてきたら、どうやってドキドキしない状況をつくるか、声や身体が震えはじめたら、どうやって震えを止めたらよいのかなど、具体的な対処法を1つ1つ学習し、実践の場で体験しながら、あがりへの対応力を高めていくことも必要です。

●実践同様に声を出し、口を動かす練習をする

　そのために、人前で話すという実践は欠かせません。

　実践とマネジメントの積み重ねによって、「あがらずに話す」という新しい経験をし、学習したことを自分のものとして習慣にしていけばよいのです。

　そこで本書では、実際に体験しやすいよう、わかりやすく具体的に説明していきます。

　脳は単なる練習も経験として認識し、記憶します。

　教室でトレーニングを受けているつもりで、ぜひ声に出して、実際に口を動かしながら、練習してみてください。

＊脳を安心感で満たすマネジメントをするためにも、話し方の問題に対するさまざまな解決法を知ることが大切。

自意識過剰から脱するには、不安感情を捨てる

●自意識過剰の呪縛

人には誰にも「よく思われたい」という気持ちがあり、「人にどう思われるか」や「どう見えるか」が気になります。

たとえば友人や会社の同僚と撮った写真でも、真っ先に見るのは自分が映っているところですね。この気持ちは、人の「自己承認欲求」なので、本能的なものです。

しかし、話すことに自信がないと、自信のなさと併行して自分を承認したいという思いも強くなり、「他人にどう見られているか」が気になります。

自信がない自分を隠すために、「見せたい」自分のイメージを強く意識するようになり、見せたいイメージに合わせて行動をコントロールしようとします。

この時点ですでに、「感情と行動」のバランスは崩れているのですが、人の認知は、他人に見せたい自分を意識すればするほど、欠点や自信のなさにも目を向けますから、ますます自信がもてなくなり、見せたい自分を強調しようと悪戦苦闘します。

この不安定さの繰り返しが「自信喪失の悪循環」であり、「自意識過剰の呪縛」です。

　その結果、人前で話をしようと考えただけでドキドキしたり、話しはじめても誰かと目が合った瞬間に話がしどろもどろになったり、会議などでもなるべく指名されないように、存在を隠すような行動をとってしまいます。

　こうした自己逃避の後悔から、さらに自己嫌悪に陥ってしまいますが、この繰り返しの呪縛が、自意識をいっそう敏感にし、人前で話すことの悩みを深くしてしまいます。

●「不安感情を捨てる」努力を

　社会生活を営んでいる以上、人前で話すことを避け続けることは不可能です。

　まずは自分の不安感情を無視し、捨てる努力をしましょう。

　「人前で話すことなんて……」や「みんなの前であいさつしなくちゃけないけど……」といった考えが浮かんだら、**いったん「いや、このマイナスな考えを捨てよう」と自分に言い聞かせ、不安感情を捨てます。そして、その後でポジティブな行動を取るのです。**

　口を横に開いて笑顔をつくる、それだけでいいのです。

　笑顔のあとに「大丈夫！」や「ダメもとでやってみよう！」などのポジティブな言葉をかけて背中を押す。この繰り返しが自意識過剰の呪縛からの解放につながります。

＊苦手意識が現れたら、ポジティブな行動を取ることに努め、不安感情を心から追い払う。

あがりの原因を知れば、
具体的な対策が立てられる

●あがり症の克服は原因を知ることから

あがり症を克服するためのファーストステップは、自分のあがりの原因を知ることから始まります。

たとえば、**あがり症の人がもっともイヤなことは、心臓のドキドキや声が震えてしまうことですが、これらの症状はあがったから起こることであって、あがりの原因ではありません。**

あがり症を克服するためには、結果に注目するのではなく、原因を知ることが大事です。

原因がわかれば解決法が見えてきますが、身体症状という結果はひとつなのですが、実は原因は一人ひとり異なります。

そこに問題解決の大きな課題があるのです。

●原因がわかりやすい声の震え

一人ひとり異なる原因を探るとき、もっともわかりやすいのが「声の震え」です。

たとえば、声の震えでもっとも多いのは、息が漏れたような裏声のファルセットで話している人ですが、原因は声帯をしっかり使っていないことにあります。そのために声がファルセットにな

り、震えてしまうということです。

　ファルセットの声は慌てたときや驚かされたときなどにも出る高い声ですが、あがりはじめるとどうしても上ずったファルセットの声になりやすいです。

　このほか呼気が弱いために震えてしまう人や、息を止めて話すために途中から声が震えてしまうという人もいます。

●滑舌が悪いからあがるのではない

　滑舌が悪いためにあがると思っている人も多いようですが、滑舌が悪くてあがる人はいなくて、実際には「滑舌が悪いと考える」ことが脳の不安感を高め、交感神経を優位にしているということです。

　また、本当に滑舌に問題があるケースでも、原因は一人ひとり異なります。

　単なる早口を滑舌が悪いと誤解している人もいれば、アゴと舌の筋肉に問題がある人や、アゴや舌の動かし方に問題がある人など、滑舌が悪い原因もまちまちです。

　人は結果で悩みますが、解決するためには原因を知ることが大切です。

＊あがりの原因は一人ひとり異なる。その原因を知って、解決するスキルを身につける。

肯定的な言葉が習慣になると、緊張感が緩和される

●あがるという思い込みを修正しよう

あがり症にはさまざまな原因がありますが、「私はあがりやすい」といった強い思い込みもそのひとつです。

こうした思い込みは小さいころからの学習によって身につけた習慣でもありますから、**思い込みの修正を図ることで、人前で話すときの緊張感を和らげ、リラックスすることができます。**

●肯定語で受け入れるだけで、ドキドキが治まることも

たとえば、皆さんはあがる場面で、「あがってはダメ」「失敗は許されない」「恥をかいてはダメ」「うまく話さなければ」という言葉で自分を鼓舞し、頑張ろうとしてはいないでしょうか?

実は、このような「〜でないとダメ」「〜でなければならない」という考え方が強い人ほど、あがりやすいです。

まずは、この思考パターンを変えましょう。

どのような言葉に変えるかというと、方法は簡単です。

「〜でないとダメ」「〜でなければならない」という否定的な表現を、肯定的な言葉に変えるのです。

「あがってはダメ」という言葉は自然に出てきますから、この

言葉のあとで、「ま、あがってもいいか」と肯定的な言葉に変え、いったん状況を受け入れてしまうのです。

「失敗は許されない」と考えるたびに、「ま、1回ぐらいの失敗は許そう」と肯定的な言葉に変えて、いったん受け入れてしまうのです。

信じられないかもしれませんが、言葉を変え、状況を受け入れるだけで脳が安心し、ドキドキが治まったりします。

●ドキドキが治まったら、具体的な行動の言葉を加える

その後は、具体的な行動の言葉、「あれを話そう、これを話そう」や、「口を大きく開いて、ハッキリ発音しよう」「大きな声で話そう」など、自分が何をすればよいかがわかる具体的な行動の言葉を加えるのです。

「ま、あがってもいいか」のあとに、「大きな声で話すようにしよう」と具体的な行動の言葉をプラスするのです。

行動に意識が向くことで、あがりへの意識を弱めてくれます。

不安感情は、私たちの司令塔である脳が、どのような行動の命令をすればよいかイメージできないために起こるもの。

苦手な場面でこそ、脳がイメージしやすい具体的な行動の言葉を使って、行動に移しやすい脳内環境をつくり、ドキドキせずに話せるようマネジメントしましょう。

＊何もイメージできない言葉では不安感が強くなるだけ。肯定的な言葉と具体的行動の言葉で脳を安心させる。

感情で捉えないようにすると、前向きな判断ができる

●マイナス感情に注意しよう

あがり症になると、どうしてもマイナス感情が強くなります。とくに自己嫌悪といったマイナス感情は、自分との円滑な関係の妨げになるだけでなく、自分以外の人や出来事を見るときの視点にもなって、人生や人間関係において大きな損失になりやすいです。

感情は解釈によって真逆に変わりますから、ぜひ、物事をマイナス感情で受け止めない習慣をつくりましょう。

●期待値や目標値の高さに注意

嫌悪感情は、結果に対する期待値や目標値との誤差から生じます。期待値や目標値が高ければ高いほど、現実との比較で感情の振幅も大きくなり、嫌悪感も高まります。

しかし、その期待値や目標値は自分の基準でもあるので、自分が勝手につくりあげた理想の姿と現実を比較して、恥ずかしがったり、イヤになったりしているだけという側面もあります。

もしあなたが、自分は感情的に受け止めてしまうタイプかもしれないと感じたなら、期待値や目標値が高すぎないか、いちど振

り返ってみることをおススメします。

　先述したように感情は解釈の仕方によって変わる、当てにならないものです。あなたの怒りや嫌悪感も、自分が自ずと決めている期待値や目標値との誤差で生じたものとわかれば、意外なほど冷めていくものです。

●「事実」と「感情」の言葉を分離する習慣

　また、**事実を示す言葉と感情を示す言葉を分離し、事実を示す言葉で考えるという方法**もおススメです。

　たとえば、私たちは「部長が叱ったのは、私のことがキライだからだ」と、事実と感情を一緒にして考えがちです。

　しかし、「部長に叱られた」は事実ですが、「私がキライだから」というのは、自分が勝手に解釈した言葉です。

　不愉快だから、つい「私のことがキライだからだ」と反抗したくなるのはわかりますが、自分の解釈はいったん横に置いて、「部長に叱られた」という事実だけの言葉で終わらせるのです。

　そして、自分の感情を示す言葉は、「これからどうやって挽回しようか」などの前向きな言葉に置き換えるのです。

　脳とは不思議なもので、いちどパターンを覚えるとそのパターンを踏襲しようとします。

　合理的な判断ができるようになるためにも、感情的な言葉を前向きな言葉に変える習慣をつくるように心がけてみてください。

＊感情で捉えるようになると、ネガティブになりやすい。感情的な言葉は、前向きな言葉に置き換えて使うようにする。

客観的に自分を見ると、私的自意識が弱くなる

●コンプレックスが広い視野を阻む

　人前でのスピーチが苦手な人や、人と話すことが苦手という人には、どちらかというと引っ込み思案で恥ずかしがり屋、ものごとに慎重で控えめな人が多いようです。

　このようなタイプの人は客観的に見たら、とても謙虚で好印象です。しかし本人は、なかなかそのことに気づきません。

　その謙虚さは本人にしてみると、「もっと積極的でありたい」という思いとともに、消極さへの不満やコンプレックスにつながっているようなのです。

　これはなんとも残念なことです。

　コンプレックスがあると自分の感情や考え方に敏感になり、広い視野でものごとを見ることができなくなり、自分が感じたことや考えたことが正しいと思い込んでしまいます。

　たとえどんなに人がほめてくれても、「そんなことはありません」と否定してしまうのですが、同じような経験、皆さんにもありませんか？

　自己評価が低い人ほど、「だって私は明るくもないし、人と話すことも得意ではないし、人より優れているところなどない。欠

点ばかりでいいところなどちっともないのに、どこが魅力的なのですか？」と本気で思っているのです。ほんとに残念です。

●私的自意識と公的自意識のバランスが重要

　人には自分の感情や考えに敏感に反応してしまう「**私的自意識**」と、人にどう映っているか、どう思われているかが気になる「**公的自意識**」があることは32ページで述べたとおりです。

　しかし、シャイな人ほど私的自意識が強すぎるために、自分を客観的に見ることができず、ダメなところばかりに意識が向いてダメダメ思考を強くしてしまいます。

　あなたがコンプレックスに感じている引っ込み思案は、相手から見たら「自分を主張しすぎずに、他人を受け入れることができるやさしい人」として伝わり、むしろプラスに評価されていたりするのです。ぜひ、そのことに気づいてください。

　感情の前には必ず思考があって、考え方や受け止め方に影響しています。自分が何をどう考えているからつらいのか、ぜひ客観的に自分を見つめてみることをおススメします。

＊感じたままが正しいとは限らない。自分を客観的に見て、意識と感情のバランスを取るようにする。

脳内が安心感で満たされれば、イヤな雑念も浮かばない

●自分の欠点ばかりに注目すると……

　あなたは自分の良いところに注目して、自分をほめたり、ときにはご褒美をあげたりしていますか？

　欠点探しをしてダメなところばかりを見つけていないでしょうか？

　人前で話すことや人と話すことが苦手という人のなかには、自分の欠点やダメなところを見つけることが得意という人が、とても多いです。

　そのため、発話中も自分のダメなところに意識が向き、うまく話せていないとか、言葉を噛んでしまったなど、小さな失敗に意識が向いて話に集中できません。

　その結果、話すことを忘れたり頭が真っ白になったりして、そのぎこちなさを隠そうとしてさらに意識が自分に向いてドキドキし、人前で話すことがますますイヤになります。

●雑念は強い自己呈示と不安感から浮かぶ

　ネガティブな雑念はどうして浮かんでしまうのでしょうか？

　原因がひとつとは限りませんが、ひとつ言えるのは、**相手に見**

せたい自分の姿、「自己呈示」といいますが、自己呈示のイメージが強いと雑念も多くなります。

なぜかというと、メージしたとおりの印象で伝わっているかどうかが気になって、たえず自分をチェックしてしまうからです。

どう見られてもいいと思えるような相手や、信頼できる相手であれば、いちいち自分をチェックする必要もありませんから、雑念も浮かびません。その証拠に家族と話しているときには雑念など浮かばないですよね。

●雑念をなくすことも新しい学習で

「他人が怖い、どう思われるか心配だ」という強い不安感があるから自己呈示が強くなり、雑念が浮んでしまうのですが、では、雑念が浮かばないようにするには、どうすればよいでしょうか？

実はそれも、「自己承認」という学習によって身につけるしかありません。

必要以上に自分を守ろうとせず、雑念が浮かぶたびに、「私は大丈夫、うまくできている」と言葉をかけて、脳にフィードバックするのです。

「大丈夫」は、最大の自己承認の言葉でもあります。

雑念が浮かぶたびに「大丈夫、うまくできている」とフィードバックしてあげれば、やがて雑念が浮かばなくなります。

自分の脳とのコミュニケーション、とても大事です。

＊自信がないときほど自分を大きく見せたくなる。ありのままの自分を受容できれば、脳も自分も安心していられる。

自分を責める習慣をなくすと、プラス面に焦点があたる

●**あがり症の人の性格的な特徴**

あがり症になると、自分の欠点に過剰に反応したり、すぐに感情的になって自分を責めてしまうことが多いようです。

このようなタイプの人のほとんどが努力家で向上心が強く、真面目です。しかし、内面には自分に対する否定感情が強くあり、自分に対する不安や不満をもってもいます。

その原因は、どこにあるのでしょうか？

ひとつは物事の原因をなんでも自分に置き換えて受け止めてしまう、思考の傾向にあるといえます。

状況や出来事を客観的に捉えて判断することや全体を俯瞰して見ることができず、「自分が悪いから」「自分に能力がないから」と短絡的に判断し、自責感情だけを強くしてしまう傾向が強いのです。

良くいえば、責任感の強い人でもありますが、悪くいえば、視野狭窄で思考の幅が狭い人ともいえます。

この視野狭窄は人生においても仕事においても、とてもマイナスです。

何か事が起きたときにはパニックに陥って自分の感情処理に追

われ、何も解決できないのではないかと危惧してしまいます。

●過程や内容を客観的に見る習慣を

このような自分を変えるためのおススメの方法を2つご紹介します。

1つは、**結果や状況を、過程や内容に注目して考えてみること**です。

「仕事を時間内に終えることができなかったのは、私に能力がないからだ」と一方的に自分を責めるのではなく、「仕事を時間内に終えることができなかったのは、どこに問題があったのだろうか?」とか、「何が原因で、目標が達成できなかったのか?」など、問題そのものに焦点を当てて考える習慣をつくるのです。

そうすれば、時間内に終わらなかったのは、「ほかに急な仕事が入ってきて、そっちに時間が取られていたから」とか、「普段の仕事量が多すぎて、初めから決められた時間内ではできない量だった」など、それなりの事情が見えてきます。

事情がわかれば次の対応策や解決策も見えてきますから、むやみに自分を責める必要がないことにも気づきます。

●意識して「良い点に注目する」習慣をつくる

2つめの方法は、**マイナス面に注目するのではなく、プラス面に注目する習慣をつくる**ことです。

たとえば、「営業目標は達成できなかったけれど、新規の契約が増えた」とか、「取引先との太いパイプができ、営業目標を達成することよりも大きな成果を得ていた」ということがあるかもしれません。

「わたしは能力がない！」とか「この仕事はわたしに合わない」というレッテルは一度貼ってしまうと、なかなかはがすことができません。

　そのうえ、レッテルを基準にものごとを判断するようになり、その思考を習慣にしていきますから、負の連鎖がつくられやすい脳内環境ができてしまいます。

　成果主義の現代社会では、意識して良い点に注目し、承認する習慣をつくっていかないと、プレッシャーに押しつぶされ、仕事や生活が辛いものになってしまいます。

　人は逆境のなかでも笑顔をつくれば、ポジティブな気持ちに変えることができます。それはやがて、マイナス面よりも、プラス面に焦点を当てる習慣となり、あがりがちな話し方に影響してくるようになります。

　脳は本能的にバランスを取ろうとするので、何かうまくいかないことがあれば、いちばん簡単な方法、「自分を責める」という行動で安心感を得ようとします。

　ですが、自分を責めて反省しても、問題は何も解決することができません。

　そのことに気づいていただいて、過程や全体を俯瞰する意識、合理的に物事に対処できる習慣、そしてプラス面に焦点を当てる日常習慣をつくりましょう。

＊結果や状況を、過程や内容に注目して考えてみること、そしてマイナス面を脇に追いやり、プラス面に焦点を当てること。

競争心と嫉妬心の
バランスを取る

●メンタル不調を回避する2つのこと

会社などでは、一人ひとりは仲間でありながら、ライバルでもあります。仲間が大きな契約を取れば皆で称え、その一方でそれぞれの心には嫉妬心が生じ、その嫉妬心をバネに発奮する。

これであれば健全な嫉妬といえますが、あまりにもライバル心を強くもつと自分の心を苦しめる火種にもなりかねません。

そうした**メンタル不調を回避する**には、「**勝ち負けを意識しないこと**」と「**相手や周囲を否定しないこと**」がおススメです。

この2つを意識することで、仲間意識とライバル意識のバランスを取ることができます。

「絶対に勝ちたい」と思うほどに、「負けたらどうしよう」と自信のない自分が現れます。そのため、他者との競争ではなく、自分自身がライバルだと思うことが強いメンタルをつくることに役立ちます。「自分がライバル」というのはプロスポーツ選手がよく口にする言葉ですね。

＊「勝ち負けを意識しないこと」と「相手や周囲を否定しないこと」を意識し、自分自身がライバルだと思うようにする。

言葉を変えるだけで、行動は変わる

●自分を変えるには「行動」を変える

　自分を変えるために「意識」を変えることも大事ですが、同時に「行動」を変えていかなければ、何も解決できません。

　勇気のいることですが、会議で率先して発言してみる、避けていた集会に参加する、苦手な人に自分から話しかけるなど、「こうありたい」と思う自分に近づくための行動を起こすのです。

　自分を変えるには、「行動」あるのみです。

　「何とかしたい」の気持ちがどれほど強くても、「行動」し、実際に人前で話してみなければ、動いてみなければ、何も変えることができないのです。

　自転車に乗りたい、テニスをやりたい、絵を描きたい、と「考えているだけ」では、いつまでたっても、乗れない、やれない、描けない、です。

　「自転車に乗りたい」は「自転車に乗ってみる」

　「テニスをやりたい」は「テニスをやってみる」

　「絵を描きたい」は「絵を描いてみる」

　このように行動してはじめて、人は変わることができるのです。

●自分にとっての「安全行動」はやめる

「人前で話すのが苦手」だから「人前で話すのを遠慮する」というのは、その人にとっては「安全行動」です。

社会生活を営むうえで、人前で話さないことはマイナス行動ですが、人前で話さないでいることは半面、自尊心が傷つく心配のない「安全な場所」でもあります。

この安全な場所から抜け出すには、大変な勇気が必要です。

そのために、「あがったらどうしよう」「しどろもどろになったらどうしよう」「大恥をかいたらどうしよう」と心配するのですが、それでは何も解決できません。

●言葉を変えるだけで行動しやすくなる

この心配だらけの状態から脱するために、どのような行動を起こせばよいのでしょうか？

まずは使う言葉を変えましょう。脳はすべてを言葉で認識しますから、言葉を変えるだけで気持ちがラクになり、行動しやすくなります。

「あがらないために、ゆっくりと話しはじめよう！」

「しどろもどろにならないように、メモを用意しよう！」

「大恥をかかないために、シミュレーションを何度もしよう！」

このように**行動がイメージできる言葉を変えるだけで、アクションが起こしやすくなります。**それだけで悩ましい自分を変えるための一歩が踏み出しやすくなります。

＊やるべき行動を自分のなかに宣言すると、どう行動すればよいかが具体的に見えてくる。

あがらないための思考&行動習慣②

笑顔をつくるだけで、気持ちがポジティブになる

●笑顔を向ければ、好意的な表情が返ってくる

笑顔は周囲の人を幸せな気持ちにするだけでなく、その人自身にも幸せをもたらします。

心理学の実験には、特別楽しいことがなくても、口を横に開いているだけで「快感情」が発生し、反対に口をへの字に曲げて怒った表情をしているだけで「不快感情」が発生するという研究結果があります。

脳にとっては、表情もまた「情報」なのです。

苦しい場面でこそ、口を横に開き口角を上げて笑顔をつくるだけで気持ちが落ち着き、リラックスすることができます。

また、笑顔のない人に接したとき、こちらから積極的に言葉をかけようとは思いませんし、心を開くこともできません。

しかし、何か困難に遭遇したとき、相手が笑顔を向けてくれただけで勇気が出るし、前に進もうとする気持ちになれたりもします。笑顔の効果は、それほど大きいのです。

●笑顔をつくる練習

きれいな笑顔をつくるためには、「イ、オ」の発音を何回も練

習してみることです。

　日ごろから笑顔が少ないことが習慣になっている人は、とくに「イ」の開きが少ないですから、そんなときは指で表情筋を押し上げるようにしながら、笑顔の練習をしてみてください。

　1日に30回前後、「イ、オ」の練習をするだけで表情筋が鍛えられ、きれいな笑顔がつくれるようになります。

　笑顔はどんな場面でも、自信や勇気を与えてくれます。

●人前で話す前の肩慣らしとしての笑顔

　発表やスピーチなどをする前に、個室で精神統一をしていざ本番に臨むという人もいるかもしれませんが、**本番をリラックスした状態にもっていくうえで、事前に周囲の人と軽い雑談などをしてリラックスし、笑顔になれる雰囲気をつくるのも有効です。**

　こうすることで緊張からの解放になりますし、雑談が表情や口の動かし方の肩慣らしにもなります。

　雑談の雰囲気をそのまま持続させて本番に臨めば、話の切り出しも自然な笑顔でポジティブに行うことができます。

＊発表やスピーチの本番の前に雑談などで笑顔をつくり、リラックスモードにして臨む。

集合体の言葉に気をつけると、悩みが解決しやすくなる

●「集合体の言葉」を「具体的な行動の言葉」に置き換える

　問題や悩みごとを解決したいときは、集合体の言葉に気をつけましょう。集合体の言葉とは、関係や要素を集合させて、全体を総称する言葉のことです。

　身近な例をあげると、「円滑な人間関係」というのは集合体の言葉です。

　たとえば、円滑な人間関係というのは、①気軽に映画に誘える関係、②悩みごとを相談できる関係、③お酒を飲みに行ける関係、④一緒に旅行できる関係、⑤愚痴が言える関係など、複数の関係を総称する言葉ですね。

　もし皆さんが「円滑な人間関係」を築きたいという言葉で悩んでいるとしたら、解決に向けた行動は何もイメージできないため、ズルズルと悩みを深めてしまうかもしれません。

　しかし、「気軽に映画に誘える関係をつくりたい」という具体的な言葉で考えたらどうでしょうか？

　「気軽に映画に誘える関係をつくりたいのだから、映画の好きな友だちをつくればいいのか」と解決に向けて、何をすればよいのかの行動が見えてきますね。

●「集合体の言葉」で考えても問題は解決できない

あがり症の悩み解決も、これと同じです。

あがり症になると、人前で話すときに、「失敗したくない」とか「あがらずに話したい」「ぜったいにうまく話したい」と考えて、強く自分を律しようとします。

しかし、実はこれも、脳を不安にさせる集合体の言葉です。この言葉で自分を律しようとすればするほど、脳は不安になり緊張してしまいます。

皆さんは失敗しないために何をすればよいか、具体的な行動がイメージできますか？

あがらずに話すために何をすればよいか、具体的な解決法が何かイメージできるでしょうか？

集合体の言葉でいくら考えても、解決に向けた行動が何もイメージできないから、脳がパニックに陥るのです。集合体の言葉がいけない理由はここにあります。

あがり症で極度の緊張状態にあるときに、何もイメージできない言葉で自分をコントロールしようとしても、不安感が増長してしまうのは当然のことですね。

あがり症で悩んでいる人には、ぜひこの言葉の違いに気づいてほしいと思います。

●「うまく話す」の行動を要素分解してみる

私たちの脳は、記憶や概念にないことをしようとしても何もイメージできず、イメージできないことは行動に移すことができず、不安感が増幅してしまいます。

また、私たちの日々は、小さな行動の記憶が集合して成り立っ

ていますが、これは話し方においても同様です。

たとえば、「うまく話す」という言葉には、どのような行動や要素が集合しているでしょうか?

皆さんの周りにいる「話がうまい人」を思い出して、「うまい」の要素をピックアップしてみてください。

たとえばその人は、次のような人ではないでしょうか?

①言葉がハッキリしている

②話のスピードがちょうどよい

③間がとれている

④聞きやすい声

⑤わかりやすい言葉で話してくれる

⑥にこやかで堂々としている

など、ちょっと数えただけでも6個もの要素がピックアップできました。

つまり、これらの要素が集合して、「うまく話す」ということが実現できる、ということです。

●脳が安心する「具体的な行動の言葉」が大事

「うまく話したい」と思ったら、「どうすればうまく話せるのか?」という視点で考え、具体的な行動の要素をピックアップすることがポイントです。

具体的な行動がわかれば、あとは①言葉をはっきり発音しよう、②スピードをコントロールしよう、③間をとろうなど、うまく話すために必要な、具体的な行動の言葉で考え、そのなかから自分に必要だと思うものを選択して、実践同様に何度もシミュレーションすればよいのです。

シミュレーションはスキルの学習ですから、やがて上手な話し方が身につき、自分のスキルとして自在に使いこなすことができるようになります。

●脳は感情や行動を促す自動処理機器

私たちの脳は学習記憶に基づいて感情や行動を促す自動処理機器でもあります。そのため促すべき行動が具体的にイメージできないだけで不安感情が呼び起こされてしまいます。

このしくみを無視して、「絶対に、うまく話したい！」などのように、“絶対”という言葉で強調すればするほど交感神経が優位になり、ドキドキなどの身体症状が強く出てしまいます。

このしくみを知って、「具体的な行動の言葉」で考えるようにしてください。

そうすれば脳が安心感で満たされ、副交感神経が優位になってリラックスでき、あがらずに話すことができるようになります。

＊「集合体の言葉」を「具体的な行動の言葉」に要素分解し、そこから出てきた言葉に応じて、何をするかを考える。

行動に注目すると、人間性を否定しなくなる

●バランスの良い合理的思考の習慣

　自分の感情に敏感に反応し固執するようになると、自分は正しくてすべては相手が悪い、反対に、相手にはまったく問題がなくすべては自分が悪いというように、思考と感情のバランスが悪くなります。

　苦手という自分の感情にとらわれるあまりに、強い被害者意識や偏見が芽生えてしまうことも多いので、そうならないために、バランスの良い合理的思考を心がけましょう。

●人間性を否定してもネガティブになるだけ

　そのためにできることは、**人間性を否定するのではなく、行動に注目するという習慣をつくる**ことです。

　たとえば、「わたしがダメ」と人間性そのものに結びつけて考えるのではなく、「わたしの○○がダメ」というように、主語のあとに必ず○○をつけて考えるようにすることです。

　「わたしの考え方がダメ」という視点で考えることができたなら、「考え方を変えよう」という次の行動に意識を向けた思考が浮かびます。

「わたし（あなた）に原因がある」ではなく、「私（あなた）が電話しなかったことに原因がある」と考えるのです。

電話しなかったことが原因とわかれば、次は電話することを忘れないようにしようという解決策が見えて、人格を否定せずにすみます。

自信がないときほど自分や他者を責めたくなりますが、その行為は社会人として幼く愚かですよね。

ぜひ、行動に注目して失敗をチャンスに変え、成長できる習慣をつくりましょう。

＊問題を解決しようとするとき、つい誰かを責めて終わりにしたくなる。人間性ではなく、行動に注目し合理的に判断する。

OKサインで、
自信喪失パターンを変える

●自信とは自分に対する安心感

　スピーチや発表で失敗して恥をかき、二度と同じ過ちは起こさないと努力するのに、なぜか同じ失敗をして自己嫌悪に陥る。

　あがり症の人ならよく知っている自信喪失のパターンです。

　ここで質問です。そもそも「自信」とは何でしょうか？

　私は自信を、「自己を承認することによって得られる安心感」と定義しています。自分にOKサインを出すことで安心感が得られ、自信との好循環がつくられるということです。

　反対に、自信がないことを、「自己を否定することで生じる不安・嫌悪感」と定義すると、両者の違いがよくわかります。

●自己評価が自信を決定づける

　では、自信の決定要因となるのは、何でしょうか？

　実は、それは、「自己評価」です。

　同じ出来事でも、自分がどのように評価するかで、自信になることもあれば自信にならないこともある、ということです。

　つまり、自信の有無は、その人の受け止め方、考え方次第で決まるということです。

●マジメな人ほど「ダメ」に注目しがち

自己評価が不安定だと自信がなくなり、自信がないからダメなところに注目して、ダメなところを直そうと努力します。

実はここに、不幸の始まりがあります。

なぜなら、脳は注目したことを記憶するため、頭のなかは自分のダメダメでいっぱいになります。

こうなると意識は常に自分のダメなところに向き、他人にどう見えるかが気になり、自意識の塊のようになってしまいます。

自信をもって、他人からどう思われようと気にならない自分でいたいのに、常に緊張していてリラックスできません。

●今日の「良かった探し」で脳の習慣を変える

自信をもちたかったら、自分にOKサインを出し、良いところに注目できる脳をつくりましょう。

人は学習で身につけたことを習慣化しますから、OK脳をつくるために、**今日の「良かった探し」**をしてください。

夜寝る前に、**今日の出来事のなかで、①自分をほめてあげたかったこと、②周りに感謝したいこと、③明日やりたい楽しいこと、この３つを思い浮かべてから寝るようにしてください。**ノートや手帳に書いてもかまいません。

重要なのは「良かった」に注目する学習。シンプルな習慣ですが、確実に脳の注目が変わり、自信につながります。

＊ダメなところよりも良かったところに注目できる習慣づくりのために、OK脳をつくる３つのことを習慣化する。

自分を肯定的に評価できると、自信がもてるようになる

●**自分をほめる習慣**

　自信は自分を承認することによって得られる安心感であり、自信の決定要因となるのが自己評価です。

　自信をもつこと、つまり自分を肯定的に捉える習慣は、あがり症を克服するためにとても大切です。

　ただし、自分を肯定的に評価するといっても、何でもかんでも自分が正しいと独りよがりに思い込むことではありません。

　自分の成果や良かった点をきちんと評価しながら、改善点も考え、その改善点に正面から対処していけることも肝心です。

　これらのことが合理的にできてはじめて、高い目標を目指すときにも、自分を承認した安心感のなかで成長できるのです。

　私たちにとって承認欲求はとても強く、人はほめられると脳内にドーパミンが発生し、元気になることが証明されています。

　日ごろから自分の良いところに注目し、自分をほめ、承認してあげることを習慣にしましょう。

＊「自己評価が人生をつくる」ことになる。よって、自分に自信をもつためには肯定的な承認を大切にする。

自信をもつようにするには、自信になる行動を取る

●自信と身体動作の関係

自信がない人ほど、声も小さくなりがちです。

自信がないから声も小さくなるのか、声が小さいから自信がなくなるのか、皆さんはどちらだと思いますか？

最近の研究では、自信という「感情」が先にあるのではなく、人間の行動によって「感情」が生まれることがわかっています。

行動とは私たちが生きてすることすべてを指しますが、声が小さいことや背中を丸めていることも、行動として捉えます。

つまり、自信がない場面で声を小さくしていたら、自信のなさにさらに拍車がかかってしまうということです。

もし自信がない場面に遭遇しても、背筋を伸ばして肩を開き、姿勢をよくして大きな声でハキハキと話せば、自信という安心感が生まれ、それが他人にも伝わるということです。

苦手意識が強いスピーチやプレゼンの場面に遭遇したときには、ぜひ試してみてください。

＊スピーチやプレゼンでは、姿勢を正して堂々と話せば、自信があるように周囲に伝わる。

「絶対に〜すべき」と、
考えすぎないようにする

●あがり症の人に多い「絶対的思考」

　自信がない人や自己否定感が強い人ほど、自分のなかに独自の
ルールや思い込みがあります。

　たとえば、次のような考え方をするとき、皆さんにはないで
しょうか？

「仕事はちゃんとやらないと」

「人にイヤな思いをさせてはいけない」

「失敗してはいけない」

「周囲に嫌われてはダメ」

　このレベルなら、自分を鼓舞するときなど当たり前のようにも
つ考え方かもしれません。

　しかし、自信のない人や自己否定感が強い人は、ここに"絶対
に"という言葉を加えて、強硬に自分をコントロールしようとし
ます。

「仕事は、**絶対にちゃんとやるべき！**」

「人には、**絶対にイヤな思いをさせてはダメ！**」

「**絶対に、失敗してはいけない！**」

「**絶対に、周囲に嫌われてはダメ！**」

　このような決めつけた考え方を「**絶対的思考**」と呼んでいますが、あがり症の人に多く見られます。

　たとえば人前で話すとき、「絶対にあがらず話さないと！」「絶対にうまく話さなければ！」と決心し、何度も言い聞かせて臨みます。

　しかし、いつも以上にあがって、自己嫌悪に陥ります。

　なぜかというと、絶対的思考の言葉は具体的行動がイメージできないために、脳の不安感や恐怖心を強化してしまう言葉だからです。

　脳が安心しリラックスできるのは、具体的行動がイメージできる言葉であることは、前項でも紹介しましたね。

●自信がないからルールで安心しようとする

　頑張るためのルールをつくり、ルールに従えば大丈夫と信じて行動するのは、ある意味仕方がないことです。

　しかし、絶対的思考のルールをもつ人の多くは、強い不安感や恐怖心からつくったルールなので、少しでもルールと異なる結果が出ると、自分を責め、自己否定感を強くして自信をなくしていきます。

　その結果、さらに強いルールで行動を矯正しようとしますがこの悪循環から抜け出すのはなかなか大変です。

　その悪循環にはまらないためにも、**自分を縛り付ける「絶対に」という言葉は安易に使わない**ことがおススメです。

＊自信がないからルールをつくって安心しようとする。自分らしく、そのままの自分が受容できればいちばんいい。

言葉をポジティブにすると、気持ちもポジティブになる

●ネガティブからポジティブに変える言葉の使い方

考え方を変えるのはとても難しいですが、言葉を変えることは比較的容易です。

たとえば、ネガティブな言葉が習慣になってストレスを感じているとき、その言葉のあとにポジティブな言葉をプラスするだけで、気持ちが変わります。べつに心から、そのように思っているわけでなくてもかまいません。ただ、ネガティブな言葉のあと、ポジティブな言葉をプラスし、前言をフォローするだけでよいのです。

それだけでそれまでストレスに感じていたことが、ストレスフリーな状態に変わります。

たとえば前項で例に出した、

「仕事は、絶対にちゃんとやるべき！」

のあとに、

「ま、人間だもの、ちゃんとできないときもあるわ」

と肩の力を抜くような言葉をプラスするだけで、前の言葉からくる硬さが取れ、リラックスできます。

「絶対に、失敗してはいけない！」

のあとに、

「でも、失敗しても、そこから学べばいい。挫折は成長の父、失敗は成功の母だ」

と、意識して言葉をプラスにするのです。

ポジティブな言葉でフォローすることが習慣になれば、気持ちや感情が自然にポジティブに変わっていきます。

●ポジティブな言葉と自信の関係

ポジティブな言葉でのフォローは、自律神経のバランスを保つうえでも有効です。

「仕事は、絶対にちゃんとやるべき！」という絶対的思考で交感神経が優位だったメンタルが、「人間だもの、ちゃんとできないときもある」という言葉で副交感神経が優位になり、リラックス状態をつくることができます。

自信とは安心感という感情ですが、不思議なものでポジティブな言葉によるフォローが、自己否定感からの脱却につながり、自信をもつことの糸口になるのです。

思い込みやルールで自分を縛り、行動をコントロールするのではなく、ポジティブな言葉を習慣にして、たくさんの夢や目的を叶える努力を楽しめるメンタルをつくってほしいと思います。

＊自信は自己否定感から脱却し、ポジティブな気持ちをもつ習慣から
　身についていく。

「ま、いいか」と開き直れば、気持ちがラクになる

●クヨクヨと後を引くように考えない！

　一生懸命であることは美徳でもありますが、ときに一生懸命すぎて辛くなることもあります。

　どのような場面にも順応できるしなやかさや、状況や感情を受け入れる従順さで人間関係を築いていけたら、どんなに素晴らしいかと思うのですが、実現するのはほんとうに難しいことです。

　真面目で一生懸命な人ほど、考えなくてもいいようなことをクヨクヨと考え、しっかり反省して自分を成長させようとしますが、ここはひとつハラをくくりましょう。

　考えても仕方がないことは、考えても仕方がないのです！

　あれこれ考えることで自分を変えることができるのであれば、たくさん考えたらいいと思います。

　しかし、同じ考えを何度くり返して考えても、何も変わらないこともあります。

　どれほど自己嫌悪に陥って反省しても変わらないなら、もう反省するのをやめたらいいのではないでしょうか。

●柳のようにしなやかであれば折れることもない

人は反省すると問題が解決したかのように錯覚できて、気持ちがラクになります。何も問題は解決できていないのに、多くの人が反省することで満足してしまうのです。

しかし、反省だけしても何も変わりません。

日本語には素晴らしい言葉があって、心のしなやかさは「柳に風」や「柳に雪折れなし」という言葉でたとえられます。

雪の重みに押しつぶされそうになってもしなって耐え、風になびく柳のようにしなやかであれば、決して倒れることはないという意味です。

しなやかさと踏ん張ることは相反する精神です。

皆さんには、「ま、いいか」の精神で、柳のようなしなやかさを身につけていただきたいです。

「ま、いいか」と思えれば、ものごとを受け入れる余白が心の中にでき、そこから前に進む新たな思考や気持ちが生まれます。

クヨクヨ悩んでしまう人は、声に出して「ま、いいか」と言ってみましょう。それだけで気持ちがラクになります。

＊イヤなことほど何度も考えてしまうが、考えただけでは何も変わらない。「ま、いいか」と開き直ることも時には大事。

プラセボ効果で、
苦手を克服する

●思い込みのパワーを活用する魔法の言葉

　プラセボ効果や偽薬効果とは、たとえば、ぜんそくの発作が起きている人に、「これを飲めば発作が治まる」と伝えてビタミン剤などを与え、本人がそのように思い込めば、本当に発作が治まってしまうという、科学的な実験結果です。

　ここからわかることは、"思い込み"の強さで脳さえも騙すことができるということです。

　もしかしたら、「人前で話すのは苦手」という考えも、単なる思い込みかもしれません。

　この思い込みのパワーで苦手を克服するために、私が提唱している魔法の言葉があります。

　私はできる！　私は大丈夫！　私は運がいい！

　自分は自己評価が低いタイプだと感じている人はとくに、この3つを毎日心のなかで唱えるだけで気力が充実してくると思います。

＊思い込みは習慣でもある。良い思い込みが前向きなメンタルをつくることにもなる。

第3章

あがらないで話す
コツ&習慣

あがらないための準備と心がまえ①

シミュレーションをすると、考えながら話せるようになる

●本番同様のシミュレーションが大事

　脳は、これまで学習していないことや記憶にないことをやろうとすると不安を感じ、ドキドキしてしまいます。シミュレーションには、学習と同じ効果があります。

　ぜひ、シミュレーションをする習慣をつけてください。

　プレゼンの資料づくりやスピーチのメモをどれほどしっかり準備しても、それだけで準備したことにはなりません。本番同様に声に出して話してみて、はじめて準備完了です。

　実際に声に出して話してみると、文書で整理したものを客観的に感じることができます。

　話す言葉と書き言葉ではイメージが違ってきますから、シミュレーションなしでの本番は、準備していないのと同じで、非常に怖い、あがりの要因になってしまいます。

　もちろん、声に出してシミュレーションできないときは、声に出さずに口パクだけでもかまいません。

　本番さながらのシミュレーションは経験と同じ効果があり、脳にとってはそれだけで不安要素が少なくなります。

●暗記だと頭が真っ白になってあがる

　一方、頭の中だけで練習しようとすると、どうしても覚えようとして暗記になりやすいです。

　暗記だと、暗記したことを思い出しながら話そうとするために忘れてしまったとたん頭が真っ白になり、そこからあがりモード一直線ということにもなりかねません。

　暗記と記憶はどう違うのか、違いを明確に表現することは難しいですが、**暗記すると、暗記したことを「一言一句暗記したとおりに話そうとする」ことでミスを恐れるようになり、それだけで不安感が強くなってしまいます。**

　しっかりとシミュレーションを行っておけば、途中で想定外のことが起きても、声に出した内容を意外に脳は覚えていたりするため、キーワードを見ただけで自然に言葉が出てきます。

　暗記したことを思い出しながら話すようでは、考える余裕すら生まれませんので、暗記してのスピーチには十分気をつけたほうがいいでしょう。

＊脳はイメージそのもの。実践同様のシミュレーションで、話の内容が脳内でイメージ化できるため脳が安心する。

メモを見るのをやめると、言葉がスラスラ出てくる

●メモの弊害

スピーチを、メモを見ながら話しているあいだは話もうまくなりませんし、話すことの楽しさも実感できません。

メモに情報が限定されてしまうため、話しているあいだに思い浮かぶ言葉や即興的な考えを閉め出し、話を膨らませたり、新しい展開で話すことができません。

この話しにくさは、意識がメモに縛られてしまうために起こる現象ですが、人はその話しにくさを「うまく話せない」という言葉で認識し、不安感を強くします。

●メモはキーワードでつくる

話し言葉や文章で書いた完璧なメモをつくり、メモを見ながら、あるいは暗記しながら話しているあいだは、あがり症からの解放は難しいといえます。

準備はしっかりしても、**メモは文章ではなくキーワードでつくり、できればメモはチラ見で話せるようになりましょう。**

しかし、いきなりキーワードだけでメモをつくるのは、ハードルが高いかもしれません。そのようなときは、話し言葉で文章を

書いてもOKです。

　ただし、文章のなかの必要な単語だけにマーカーで印をつけ、印をつけた単語だけを新しいメモ用紙に書き移し、そのキーワードで話すようにしてみましょう。

●キーワードで話せると、言葉が自然に出てくる

　メモで話すことに慣れてくると、話すことがとてもラクになります。何も考えなくても言葉が出てくるようになり、その言葉を使いながら、自然にストーリー展開ができるようになります。

　もちろん、メモと違う言葉が出てきても、慌てたり焦ったりすることもなく、あがることもありません。

　数個のキーワードで1時間ぐらい話せることが理想ですが、まずは数個のキーワードで3分話すことを目指しましょう。

＊スピーチなどの事前準備としてメモはキーワードでつくり、チラ見
　程度で話せるようになると、話すことに自信がもてる。

わかりやすい言葉で話せば、聞き手が聞く姿勢をもつ

●話はわかりやすくが鉄則

難しいことを難しい言葉で話す人がいますが、そのような人の話は一部の人にしか理解できません。私がフリーライターとして読売新聞の仕事をしていたころ、よく記者の方から「小学生にもわかるように書け」と言われました。話すことも一緒です。

難しい話をわかりやすく話すことができてはじめて、話がうまい、わかりやすいと興味をもち、耳を傾けてくれるのです。

しかし、威厳をもたせようとするのか、やたらと難しい言葉で話そうとする人がいます。

難しい言葉では理解できないしつまらないので、当然のように聞き手の表情はだんだん興味がなさそうな表情になっていきますが、話す側はその不快な顔を見て自信を失くします。

聞き手のつまらなそうな表情の原因は言葉づかいにあるのですが、話がヘタだからだと解釈し、話すことが怖くなるのです。

わかりやすく話すから聞いてもらえる、鉄則ですね。

＊誰にもわかりやすい話し方をすることで、聞き手が聞く姿勢になり、そのことであがりにくくなる。

全体の流れをイメージすると、言葉が自然に出てくる

●キーワードだけで話す練習

　私たちはイメージできないことは行動に移すことができません。これは話す場合も同じで、自分が何を話すのか、全体の流れがイメージできていないと、何も言葉が浮かんできません。

　その典型が、「何を話そうか」と考えて話せなくなってしまう人や、一言一句暗記している人ですね。イメージが何も浮かばないから、途中で話が途切れ話せなくなってしまう、暗記の典型的なパターンです。

　失敗するのが怖いから暗記するのですが、実は反対で、暗記するから失敗するのです。**全体の流れを頭のなかでイメージしてから話せば、脳は自然に言葉を紡いでくれます。**

　イメージで話すためにも、まずはキーワードだけで話せるようにトレーニングしてみてください。

　いきなりでは難しいですが、何度か練習をすれば、必ずイメージで話すことができるようになります。

＊暗記して会話をする人がいないのと同様に、全体の流れを頭の中で
　描いてから話すようにすると、意外にスラスラ話せる。

全身を使って話すと、身体の緊張がほぐれる

●言葉よりも雄弁な笑顔や動作

　私たちは、いかに適切な言葉を選んで話すかを考え、懸命に言葉を伝えようとしますが、言葉だけで伝えようとすると頭が真っ白になってしまうことがあります。

　というのも、言葉にこだわるあまり、間の時間が長くなり、そこから不安感が増幅してしまうからです。

　頭が真っ白にならないようにするためのテクニックとして、スピーチやプレゼンでは、言葉の代わりとなる表情やジェスチャーなど、非言語をたくさん使うことがおススメです。

　笑顔は言葉よりもわかりやすいですし、口調やジェスチャーも言葉以上の情報として相手に伝わります。

　人には相手から聞かされる言葉よりも、自分の目で見たことを信頼するという特徴がありますから、笑顔や動作はときに言葉よりも雄弁だったりします。

●硬くなった身体を動かして筋肉を弛緩

　また、身体の硬さは強い不安や恐怖心の表れでもあります。脳が防衛体制に入っているために起こる現象ですから、このような

場合はいったん身体の力を抜いてあげましょう。

　たとえば、最初はそれほど緊張していなかったのに、手を強く握っているだけで、あるいは両腕を脇腹に強く押し付けて話しているだけで、そこから筋肉が収縮して、あがりを認識するということもあります。

　手を強く握っていることに気づいたら、背中や人の見えないところでグーパーを何度かして、筋肉をほぐします。

　肩に力が入りすぎている場合は、肩を二、三度上げ下げするようなしぐさをして、さりげなくホワイトボードに向き直るなどすると、身体の力が抜けてリラックスすることができます。

　もし、スピーチの最中であれば、大げさに両腕を動かしてジェスチャーを入れてしまいましょう。それだけでも緊張がほぐれ、身体がラクになります。

　身体の硬さや筋肉の動きは、脳にとっても大きな情報です。

　上手に筋肉を動かして弛緩させ、副交感神経を優位にして全身をリラックスさせましょう。

＊手をグーパーさせたり、肩を上げ下げするなどして緊張を解く。笑顔や大きなジェスチャーはリラックス効果がある。

あがらないための準備と心がまえ⑥

完璧にこなそうではなく、
楽しい時間にすると考える

●「完璧なスピーチ」を「楽しい時間」に切り替える

　人前で話すのが苦手だなぁと思うと、意識が自分に向いて自意識が敏感になってしまいます。自意識が敏感になると失敗を恐れるようになり、ますます人前で話すことが苦手になります。

　しかし、これは脳があなたの自尊心を守ろうとしている証拠でもあります。ここは、理性で感情をコントロールしましょう。

　感情は一瞬で変わる、当てにならないものです。半面、理性でコントロールしないとエスカレートしてしまう、厄介な存在でもあります。

　そのため、**苦手という意識はさらに強い嫌悪や苦痛に変わり、その不快感に比例して、完璧さを求める気持ちも強くなります。**

　そもそも完璧なスピーチなどありません。「うまくいった」という満足感を「完璧」という言葉に置き換えているだけです。

　完璧さより楽しい時間にしようと考えることで、人前で話すことへのプレッシャーが和らいでいきます。

＊発表やスピーチは完璧さを目指すのではなく、楽しい時間にしようと思うことで心の負担を軽くする。

自信を伝える話し方よりも、丁寧に、真摯に話す

●聞き手が好感を抱く話し方

　私は通常、「自信が伝わる話し方はパフォーマンスの問題であり、自信をもって話すはメンタルの問題」だと指導しています。

　自分では自信がないと思っていても、肩を開いて姿勢を正し、ゆったりとした動作で口角を上げ、聞き手とアイコンタクトを取りながら低めの声で話せば、「自信」が伝わります。

　反対に、心臓を守るように背中を丸め、不安そうに視線が定まらずに早口で話す人からは、「自信のなさ」が伝わります。

　つまり、自信の有無はパフォーマンスの問題であるため、パフォーマンスを改善すればよいということです。

　話すことに自信のない人は、しっかり準備をして内容を吟味しながら丁寧に話すようにするので、聞く側にとってはその真摯さが伝わって、好感がもてることが多いです。

　本人は不安かもしれませんが、**丁寧に話をするようにすれば、聞き手は好意的に聞く姿勢をもってくれます。**

＊自信がないと思うから、しっかり準備して内容を吟味する。謙虚な気持ちをポジティブに捉え、話すとよい。

自分に意識が向くと、
ますます話せなくなる

●**緊張を解き放とう**

　話し方に自信がない人は意識が自分に向いてしまい、相手に注目する余裕がありません。

　その結果、話すことそのものに集中できず、しどろもどろになったり、頭が真っ白になって焦りが生じたことなどが、ネガティブな記憶として脳に刷り込まれてしまいます。

　人には、自分をこんなイメージで見てほしいという自己呈示欲求や、自分をよりよくアピールしたい自己顕示欲求があります。

　そのために、苦手意識を隠そうとする気持ちや、人と話すことにコンプレックスはないように見せたい気持ちは理解できます。

　しかし、**自分に意識が向けば向くほど自意識が過剰となり、同時に人から変なふうに見られたくないという思いが強くなり、脳が防御の指令を発し、緊張が始まります。**

　こうした緊張から自分を解き放つには、これまで何度も述べてきた「脳が安心するセルフマネジメント」を行うことです。

＊自信がないと自分に敏感になってしまうもの。自意識過剰にならず、「脳が安心するセルフマネジメント」を行う。

スピーチ上級者は、
時間配分を考えている

●3分の時間配分なら2〜3のエピソード

人は自分に関わりのあることなら知りたいと思うものですが、結婚式などで「いいスピーチ」となる基準も「私」です。

結婚式のスピーチでは、聞き取りやすいゆっくりとした話し方とともに、話の内容も聞き手に関わるエピソードを入れるのは当然のことですが、そろそろ「笑いたいな」と思ったときに笑わせてくれる、そろそろ「ホロリとしたいな」と思ったときに感動的な話をしてくれると、「いいスピーチだった。話がウマイ」と大きく評価されます。

では、どれぐらいの時間配分で、笑わせたり感動させたりすることがベストなのでしょうか?

スピーチ時間を3分として考えると、挨拶と閉めの言葉で30秒、エピソードで2分30秒半と想定すると、ちょっと長めで2つのエピソード、短めなら3つエピソードが盛り込める計算になります。

＊聞く人の気持ちを満足させることが「ウマイ」と思われるコツ。時間配分ができるようだと上級者。

103

大きな声で話すと、
不安感情が薄れる

●小さな声の弊害

　1対1では普通に話せるのに、会議の場や人前になると声が小さくなってしまい、そのためにあがるという人がいます。

　声が小さいからあがるのか、緊張するから声が小さくなるのかの判別は難しいですが、小さい声では相手に届きません。

　また、脳にとっても声は情報ですから、**小さな声だと不安感情が芽生えやすく、ますます話すことに自信がもてなくなってしまいます。**

●大きな声で話す練習法

　声を大きくするためには、いろいろなトレーニング法がありますが、ここでは自宅で簡単にできるいくつかの方法をご紹介します。

　ひとつは、**家族や職場で大きな声で話す習慣**をつけること。

　大きな声で挨拶をする習慣をつける、相手の近くに寄って話しかけるのではなく、できるだけ遠くから話しかけるなど、日ごろから大きな声を出す習慣をつけていくのです。

　また、テレビのボリュームを少し大きくして、毎日10分ぐら

い、テレビの音に負けないぐらいの声で話す時間をもつ方法も効果的です。

●一人暮らしなら、日々の音読がおススメ

次におススメしたいのは、音読です。

とくに一人暮らしで、家で声を出すことが少ないという人は、声に出して新聞や雑誌、本などを読んで声を出す時間をつくらないと、どんどん声が小さくなってしまいます。

日ごろから小さな声しか出していないと、大きな声の出し方を脳が忘れてしまって、いざというときに大きな声が出せません。また、声が小さい人は呼吸も浅くなりやすいですから、短時間でいいので、**毎日大きな声で音読する**ようにしてみてください。

声は第2の人格といわれるほど、その人の印象を変え、元気な声からは元気な気力やエネルギーが出ます。

個人的な体験ですが、あがり症克服講座を休講にしようかと思うほど体調が悪いときにタクシーで会場に駆けつけ、あえて大きな声で話していたら、いつの間にか体調が戻っていたという経験が何度かあります。

大きな声は元気をくれます。

ぜひ、声に磨きをかけて、人前で話すことの不安や恐怖を払拭してください。

＊小さな声だけで話していると、いざというときに大きな声が出ない。日々の生活で大きな声を出す習慣をつくる。

呼気を強くすると、
声が震えなくなる

●地声で話すことのススメ

　声が震える原因でもっとも多いのが、上ずった声になるファルセットで話している人です。ファルセットは仮の声とも呼ばれ、さほど声帯を使わずに声を出すため、喉の負担が少ないぶん、震えやすいです。

　ソプラノの声をどんどん高くしていったときに出ている声、をイメージしていただくとわかりやすいかもしれません。

　なお、人は自分の声の80％を内耳で、20％を空気振動で聞き、他人は100％空気振動で聞きますから、**地声で話せていれば、本人は声の震えを認識していても、聞いている側は相手の声が震えているとは認識しません。**

●2つの呼吸

　そもそも声は、声帯に息を吹きかけて出す音です。

　息とは鼻や口から吐いたり吸ったりする空気のことで、吐く空気を呼気、吸う息を吸気といいます。

　呼気には、横隔膜の上下運動による横隔膜呼吸（腹式呼吸）と、肋骨の上下運動による肋骨呼吸（胸式呼吸）があり、この**呼**

気や吸気が弱いと声も弱くなって震えやすくなります。

●呼気を強くするために丹田を意識した深呼吸

　では、呼気を強くするにはどうすればよいか。私がおススメしているのが、丹田を意識した深呼吸です。

　丹田とは、おへその下のひとこぶしのところを指します。

　立ったままでも座位でもかまいませんが、**全身の力を抜き、背筋を伸ばして、ゆっくり鼻から息を吸いながら、下腹を大きく膨らませてください。**

　膨らまないときは、息を吸ったときに自分で下腹を膨らませ、**「息を吸ったら下腹が膨らむ」**ということを身体に覚えさせましょう。

　何度かやっているうちに、息を吸うと自然に下腹が膨らむようになります。

　この呼吸法を寝る前などに5～6回やるだけで、深い呼吸ができるようになり、声が出やすくなります。

　また、**丹田を意識した呼吸法は脳のリラックスにもつながり、声だけでなくストレス緩和にも役立ちます。**

　なお、丹田呼吸法については、158ページで詳しく説明します。

＊鼻からゆっくり息を吸って下腹を膨らます丹田呼吸法を行って、呼気を強くする。

正しい母音・子音の発音が、リラックスした話し方になる

●口を大きく開けて、アゴと舌を使って話す

あがり症は条件づけられた症状が反射的に起こることを言いますが、筋肉の動きを変えるだけで、あがりの記憶に基づくあがり症の条件反射が遮断できます。その後は新しいあがりをつくらなければ、継続してドキドキせずに話すことができます。

これまでの話し方を変えて、できれば**普段話すよりも口を10ミリ大きく開けるように意識して話す**ようにしてみてください。

とてもシンプルですが、それだけで筋肉の動きが変わり、話すことがラクになります。

●ボソボソ・モゴモゴだと人の評価が気になる

私たちは自分の耳に届く声や発音、話の内容で不安感を強くし、あがってしまうこともあります。自分の耳に届く声や発音をこれまでと変えることも、あがらずに話すためには大事です。

そのためには、母音・子音を正しく発音することから始めましょう。あがらない人はいまの話し方でかまいません。しかし、あがり症の人は、ぜひ現在の話し方、母音と子音の発音の仕方を変えてください。

　人と話すことも人前で話すことも、話すという行為は「あいうえお」の母音と、「かきくけこ」他の子音を組み合わせ、ひらがなを使って言葉を紡ぎます。その言葉に声を載せて相手に届けることで、話すという行動が完成します。

　このひらがな、つまり一音一音がしっかり発音できていないと、ボソボソ・モゴモゴといった話し方になってしまいます。

　自分の声は自分の耳にも届きますから、ボソボソとした発音では何を言っているのか言葉が不鮮明でわかりにくく、そこから「うまく話せていない」という認識が生まれ、人の評価が気になってきます。

●ハキハキ話せると副交感神経が優位になる

　一方、**言葉がはっきり発音できていると、「ハキハキと発音しながら話せている」と認識でき、副交感神経が優位になって気持ちが落ちつき、リラックスしながら話すことができます。**

　加えて、舌や唇だけでなく、顔全体の筋肉も使いますから、筋肉を動かす気持ち良さと、人と交流する気持ち良さの相乗効果で、さらにイキイキとした感情が醸成され、ますます話すことの快感情が増幅されます。

＊自分の耳に届く声や言葉があがることもある。それを避けるには、母音や子音をしっかり発音して脳を安心させること。

ポイントが複数あるときは、3つ以内にとどめる

●話す内容を整理してから伝えよう

　複数のことを伝えるときは、ぜひ数字でまとめましょう。

　最初に「本日は、3つのポイントについてお話します」や、「いまから、重要なことを2点、お伝えします」と話すだけで、聞く側は「いまから3つ（2つ）のことを話すのね」と準備態勢を整えて聞くことができます。そうしてから、「1つめは〜、2つめは〜、3つめは〜です」というように伝えていくと、とてもわかりやすく話をまとめることができます。

　「それから、」「あと、」を使って、思いつくままにダラダラと話されても、話の内容が頭に入ってきません。

　また、124ページで詳しく紹介する「五段階情報整理法®」を使えば、聞き手の納得感を引き出しながら、わかりやすく伝えることができます。

　なお、**数字でまとめるときは、最大でも5つまでにしましょう。理想的には3つ以内**です。

＊つい思いつくままあれこれと話してしまいがちだが、数字でまとめて整理して話すと、スッキリ伝えることができる。

「間」を活用すると、興味と説得力が高まる

●適度な間の取り方とは

「間」のない話は、とても聞きにくいものです。

間は聞き手にとって話を整理する時間のため、間を取らずにスラスラと話されると、内容が頭に入ってこず、徐々に話への興味が薄れていってしまいます。

よって、「間」を上手に活用することが、説得力を高めるのにたいへん有効です。

ただ、あがり症の人は、間があくことを非常に怖れます。

間があきすぎると、聞き手は「どうしたの?」と疑問に感じたような目で話し手に注目するので、それが怖いのです。

しかし、適度な間は相手のための時間。相手をこちらに引きつけてから、決めのひと言を言えば説得力が増します。

では、どのようにして間を取ればよいか?

読点「、」や句点「。」のところで、スピードを変えると間が取れます。

＊適度に間を取りながら話すと、聞き手は興味をもって話を聞く姿勢になり、そのことで話し手は落ち着くことができる。

あがらない話し方のコツ⑥

アイコンタクトで、
あがりは緩和できる

●**アイコンタクトの効用**

　人前で話すときは、アイコンタクトが取れるようになると、落ち着いて話すことができるようになります。あがり症の人は、人の顔を見ることを恐れがちですが、自分のためにも聞き手のためにもアイコンタクトは、とても重要なことです。

　アイコンタクトで、脳内にドーパミンが発生し、快感情が増すという報告や、時間制限のある場面でも、アイコンタクトの多い人ほど面接官の質問時間が長くなるというデータもあります。

　怖くて人の顔を見ることができないという人は、アゴや口元、咽喉やネクタイあたりでもかまいません。1メートル以上離れていれば目を見なくても、なんとなく顔のあたりを見るだけで、アイコンタクトを取っているように感じます。

　また、結婚式場であれば、式場関係者など、自分に注目していない人を見たり、客席のテーブルなどに視線を移せば、自然に会場の人を見ているように感じさせることができます。

＊アイコンタクトは互いの承認行為。相手のアゴや喉あたりを見るだけでも、相手は承認されたと感じる。

マルの多い話し方をすると、話す内容がスッキリする

●ダラダラ話すからあがってしまう

　話し下手な人ほど話が長いといわれます。これは文章を書くときも一緒で、下手な人の文章ほどダラダラと長く、話の先や論拠が見えません。

　そして、話し下手な人ほど、「〜ですけれども、〜で、〜でしたが、〜のようでして」と読点「、」の多い話し方をします。

　このような話し方をしていると、自分でも話の中身を見失い、途中で話が行方不明になって、何を話しているのかわからなくなり、不安感が強くなってあがってきます。

　そうならないためには、**句点「。」の多い話し方を意識し、短文で話すようにします。**

　「〜でした。しかし〜ということがあり、〜という結果になりました。一方、〜については、〜のような状況です。そこで、〜の対応で対処したいと考えています。」というように、短文に区切る話し方を意識しましょう。

＊ダラダラ話すと話がまとまらず、あがる。マル「。」で内容を区切って、短文にして話す。

接続詞を上手に使うと、説得力と論理力が倍増する

●**説得力のベースとなる論理力**

　説得力のある話し方をする人は、接続詞をとても上手に使って話の道案内をします。

　説得力のベースとなるのは、論理力です。

　そして、論理力に接続詞は必須です。接続詞の使い方を見れば、その人の情報整理力や論理力がわかります。

　言葉と言葉のつながりがしっかり安定していれば、視点・論点にブレが生じません。

　これは話し方だけでなく、文章を書く際にも同じです。

　論理的でない人の話や文章は視点・論点が途中で分断されていますから、接続詞でつなぐことができず、とても要領の得ない文章や話し方になってしまいます。

　接続詞を制する者は論理力を制するといっても過言ではないほど、接続詞の使い方は重要です。

●**接続詞を使いこなせると話すことが楽しくなる**

　そこで、接続詞の代表的なものを以下に示します。

順接：だから、それで、したがって、すると
逆説：しかし、けれども、だが、ところで
添加：そして、ついで、そのうえ、並びに、または
対比：その代わり、あるいは、それとも、というより
転換：さて、ところで、それでは、一方
同列：すなわち、つまり、要するに
補足：なぜなら、というのも、ちなみに、ただし

　このなかで比較的多く使うのが、「順接」「逆説」「添加」ですが、**論理的な話し方に欠かせないのは、根拠や理由を説明する際に使う「補足」の接続詞**です。
　上手に接続詞が使えるようになると、話し方に自信がもてるようになります。

＊接続詞の上手な使い方を習得すれば、話し方にも文章にも自信がもてるようになる。

形容詞を上手に使うと、
具体的なイメージが伝わる

●「大きなビル」よりも「40階建てのビル」のほうが伝わる

　人は相手の言葉を聞きながら、頭の中でイメージをさまざまに膨らませ、そのイメージに従って興味を抱いたり、場合によってはイヤな感じを受けたりします。

　だからこそ相手の話を聞きながら、疑問を感じたり賛同したり、信頼したり不信感をもったりするのです。

　誰かに何かを伝えようとするときには、相手がイメージしやすいように話すとよいですね。

　「大きなビル」というよりは、「地上40階建てのビル」と表現したほうが具体的でわかりやすく伝わります。

　「これぐらいの大きさの鯛を釣った」と両手で示すよりは「全長70cmの巨大な鯛を釣った」と数字で、「きれいな色のスカーフ」よりは「赤と黄のストライプのスカーフ」と具体的な色で表現したほうが、イメージがより鮮明になります。

　言葉で絵を描くように、上手に形容詞を使いましょう。

＊色や形や大きさは聞き手が具体的にイメージできるような言葉を使えば、わかりやすく理解できる。

文末を強調すると、「え〜、あ〜」が減る

●語尾を強調すると……

「え〜」「あ〜」などの間投詞は、1分間に5〜6回程度なら許容範囲ですが、それが頻繁だと雑音以外の何物でもありません。

「え〜、本日は、え〜、皆さまに、え〜、おいでいただき、え〜、誠にありがたく、え〜、うれしく思います」

これでは聞く気が失せてしまいますね。

間投詞はほとんどが癖として出てしまいますが、スピーチするときに語尾を強調すると出なくなることが多いです。

とくに、文節の末尾、語尾を強調して発音してみてください。

「本日**は**、皆様においでいただき、誠にありがた**く**、うれしく思い**ます**」という感じです。

語尾を強調した話し方は間投詞がなくなるだけでなく、自信や力強さも伝えてくれます。何度も練習して、自然に語尾が強調できるようにしてください。

＊間投詞は、語尾を強く発音することで消えることが多い。語尾を強調して話すことを意識する。

筋道をつけて話すと、論理的な話し方になる

●筋道をつけて聞き手の疑問を解消する

皆さんは、論理的であるとは何だと思われますか?

論理的な話し方や論理的思考法という言葉はよく耳にしますが、ではいったい論理的とはどのような話し方、考え方を指すのでしょうか?

論理とは、「思考の形式や法則、物事の法則的なつながり」のことです。つまり、**論理的な話し方をするということは、自分の考えや主張に法則的なつながりをもって話すということ、つまり筋道をつけて話すということです。**

では、そのつながりとは何か?

●相手が知りたいことに疑問の余地がなく伝える

コミュニケーションの主役は常に相手ですので、相手が聞きたいこと、相手が知りたいこと、相手が求めていることを疑問の余地がない状態で伝えればよい、ということになります。

相手が聞きたいこと、相手が知りたいことは何か?

スピーチや発表の場でいちいち、「あなたは何が聞きたいですか?」と質問するわけにもいかないですから、ここは少し視点を

変えて、一般的に人が聞きたい、知りたいと考えるのはどういうことなのかという視点で捉え、考えてみましょう。

●疑問の解消が論理的な話し方につながる

たとえば、「人はなぜあがるのですか？」という疑問に、「場数が足りないから」という答えでは論理的ではないし、当然ですが納得もできないですよね。

その疑問を解消するには、「人はなぜあがるのか？」という疑問に対する理論や、「どうすれば解決できるのか？」という疑問に対する理論をスタートさせなければなりません。

また、その理論を説明するためには、多くの人に納得してもらえるよう、筋道を通して説明できなければなりません。

人が知りたいと考える背景には、そこに疑問が存在するからですが、この疑問は好奇心や興味でもあります。

つまり、相手の話に興味をもったり、関心を寄せたりする背景には必ず疑問があり、人はその疑問を解消するために、相手に注目し集中して話を聞くわけです。

＊聞き手の疑問を解消しながら筋道を通して伝えること、それが論理的な伝え方のスタートになる。

論点がブレないためには、5W2Hを使う

● 5W2Hで話す内容を整理する

　説得力とは、相手が納得する状況をつくること。つまり相手が知りたいこと、相手が聞きたいことに応えるということです。

　相手が知りたいことや聞きたいことは、相手がもつ疑問や不安を知ることで見つけることができます。その疑問や不安を解消して伝えれば納得感が得られます。

　では、人はどのような疑問をもつのかというと、基本的には7つです。それが**5W2H**（When：いつ、Where：どこで、Who：誰が、What：何を、Why：なぜ、How：どのように、How much：いくらで）です。

　5W2Hで相手の疑問を把握し、そこに理由や根拠、目的を明確にしながら伝えれば、論理的で説得力ある伝え方ができます。

　一度に多くを伝えようとすると視点・論点がブレてきますが、どんなに複雑な話も5W2Hでシンプルに整理しながら話すと、ブレのない話をすることができます。

■モレなく、ダブリなく情報整理するツール「5W2H」

5W2H	記入欄
When（いつ）	
Where（どこで）	
Who（誰が）	
What（何を）	
Why（なぜ）	
How（どのように）	
How much（いくらで）	

なお、この5W2Hに加え、誰に（Whom）、どれくらいの期間（How long）、どれくらいの量（How many）などを加えると、より情報整理が精緻化できます。

Whom（誰に）	
How long （どれくらいの期間）	
How many （どれくらいの量、人数）	

＊思いつくままに話すと視点・論点がブレる。5W2Hで話す内容を整理する。

興味や好奇心の強化にも、5W2Hは使える

●話し手と聞き手の良好なコミュニケーションをつくろう

　仕事や生活のうえで、何か不明なことがあるとき、5W2Hで確認すると、抜けや漏れがなくなります。

　つまり、5W2Hの視点で物事を見ていくと、疑問に思うことが比較的容易に解決しやすくなります。

　また、論理的であることは、疑問の余地がないほどに筋道が通っていることですから、聞き手の疑問を解消しながら疑問の余地なく筋道を通して話すことは、論理的な話し方の基本になるということでもありました。

　疑問がストレートに解消する話し方は、聞き手がストレスなく話の内容を理解することにもなるので、話し手と聞き手のコミュニケーションがうまく図られることでもあります。

　そうした話し方ができれば、話すことが楽しくなり、あがりも起こりにくくなります。

　人はひとつの疑問が解消されても、また新たな疑問をもちますが、この疑問は興味や好奇心という言葉に置き換えることもでき、それが聞き手を引き付ける話し方にもつながります。

郵 便 は が き

料金受取人払郵便

日本橋局
承　認

1301

差出有効期間
2021年5月31日
まで

103-8790

011

東京都中央区日本橋2-7-1
東京日本橋タワー9階

㈱日本能率協会マネジメントセンター

出版事業本部 行

|||··||·||||·||··||·|·|||·|·|·|·|·|·|·|·|·|·|·||||·|

フリガナ		性　別	男 ・ 女
氏　名		年　齢	歳
住　所	〒 TEL　　（　　　　）		
e-mail アドレス			
職業または 学校名			

アンケート

ご購読ありがとうございます。以下にご記入いただいた内容は今後の
出版企画の参考にさせていただきたく存じます。なお、ご返信いただ
いた方の中から毎月抽選で10名の方に粗品を差し上げます。

- -

● 書籍名

● 本書をご購入した書店名

● 本書についてのご感想やご意見をお聞かせください。

● 本にしたら良いと思うテーマを教えてください。

● 本を書いてもらいたい人を教えてください。

★読者様のお声は、新聞・雑誌・広告・ホームページ等で匿名にて掲載
　させていただく場合がございます。ご了承ください。

　　　　　　　　　　　　　　　　ご協力ありがとうございました。

●興味や好奇心を満たす話し方

ところで、幼児は童話を読んでもらうことが大好きですが、な
ぜだと思いますか？　それは物語に好奇心が刺激されるからです
が、実は、童話は好奇心や興味を満たすための5W2Hが使われ
ていること、ご存知でしたか？

たとえば、「むかしむかし、あるところに、おじいさんとおば
あさんが、住んでいました」という童話のはじまりです。

ここには、子どもの好奇心が刺激され、もっと先を知りたいと
思う、5W2Hの隠し味が入っているのです。

・**いつ？**：むかしむかし、

・**どこに？**：あるところに

・**誰が？**：おじいさんとおばあさんが

・**どうしたの？**：住んでいました

こうして話を紡いでいくことで、幼児の、早く次を知りたいと
いう好奇心が喚起されていくのです。

この童話や小説に見られる、論理的な話の展開に注目して使え
るようにしたのが、次項で紹介する「**五段階情報整理法**®」です。

この方法を使うことで、誰でも簡単に論理的で説得力のある話
し方ができるようになります。

＊話す内容は5W2Hで整理して抜け漏れを確認すると論理的にまとめ
　ることができる。

五段階情報整理法®を使えば、誰でも論理的に話せる

●誰にでも使える便利な「五段階情報整理法」

五段階情報整理法とは、①テーマ、②結論、③理由（場合によっては目的、原因、根拠になる）、④背景、⑤まとめ、の順番で伝えたいことを整理し、伝えるという方法です。

これに近い文章整理法は、新聞や雑誌でも用いられています。

それを誰もが使えて、簡単に話の内容を論理的に整理する手法として筆者が体系化したのが「五段階情報整理法」です。

現在のプレゼンテーションスクールやロジカルシンキングトレーニング等の現場では、欧米のビジネススクールの指導で使われている論理的な整理法が主流のようです。

しかし、欧米型はそもそもビジネス課題などを解決するための手法であり、人前での発表やスピーチなどに使うことを前提にしていないので、日常で使うには不向きな点があります。

それを誰でも簡単に論理的に考え、話すことができるようにしたのが、「五段階情報整理法」です。

●五段階情報整理法によるプレゼンテーション

さっそく五段階情報整理法を使ったプレゼンテーションを見て

みましょう。

　［キーワード］で表記されているのはメモです。

　［話し手］のところは声に出して読みあげてみてください。

　［聞き手］のところは、聞き手が持ちやすい疑問です。

◎**プレゼンテーマ**

新商品についての社内向け説明会

［話し手］本日は、わが社が開発した新商品について、説明させていただきます。

［聞き手］「新商品って、何を開発したの？」と疑問をもちますから、結論でその疑問に答えます。

◎**結論**

自動調理器「オートシェフ」世界初

［話し手］わが社は、ワンタッチの操作で料理が目の前に出てくる、自動調理器「オートシェフ」という、世界初の画期的な商品の開発に成功いたしました。

［聞き手］「ワンタッチで料理が出てくる？」「自動調理器って何？」「インスタント料理？」「どうやって料理するのよ？」といった疑問をもつことが想定できるので、次の根拠でその疑問を解消します。

◎**根拠**

メニュー、ボタン、押すだけ、カレーやパスタ、サラダ、目の前

　［話し手］このオートシェフは、メニューボタンを押すだけ

で、ホカホカのカレーやパスタが目の前に並びます。また、新鮮なサラダもお皿にきれいに盛り付けられて提供される、まるでシェフが自宅にいるような商品です。

［聞き手］「へー、便利じゃない。でも材料はどうするの？」「何分で食べることができるの？」といった疑問をもつことが想定できますので、この疑問を背景で解消していきます。

◎**背景**

背景では、結論や根拠に対して聞き手がもつであろう疑問を5W2Hでピックアップし、解消します。

結論や根拠に対して想定できる疑問は、次のような内容でしょうか。

・オートシェフって何？　料理をつくるロボット？
・どんな形？
・大きさは？
・いくらぐらいするの？
・簡単に使える？
・料理の材料はどうするの？
・何分ぐらいで食べられるの？

聞き手がもちそうな疑問が想定できたら、プレゼンは成功したようなものです。その疑問に答える内容を背景に盛り込めば、相手は納得し、さらに新しい疑問（興味）をもたせ、あなたの話に引き込めばよいのです。

そのときこそ活用したいのが、発音や声や間といった、話し方のテクニックです。

背景で、先の疑問に対する回答を読みあげると、次のようになります。

「オートシェフは、料理を作る箱型ロボットです。ここに現物をおもちしましたが、形や大きさは電子レンジとほぼ同じで、スペースも取りません。15万円ほどの価格設定ですが、一人暮らしの方や共働きのご夫婦などには、便利にお使いいただけるかと思います。また、操作はボタンを押すだけ。メニューを選んでいただければ、食糧庫から自動的に商品がチョイスされ、調理がはじまります。」

このように、とても簡単に情報整理ができるので、話も論理的に展開できるようになります。

◎まとめ
背景を述べたあとは、まとめです。
まとめでは、聞いている人との感情の共有を図りますので、内容に合ったおすすめやお誘い、感想などを述べます。
この場合なら、
「オートシェフは、消費者の生活を大きく変える画期的な商品です。ぜひ全社を挙げて販売に注力していただきたいと思います」
ですね。

そして最後は、
「以上、本日は、わが社の新商品についてご紹介しました。皆

さまにはお忙しいなかお集まりいただきまして、心より感謝申し上げます」
と挨拶の言葉で締めて終わります。

今回のプレゼンは社内向けを想定しましたが、五段階情報整理法でまとめると考えていることが簡単に整理でき、聞き手を引きつけながら話すことができます。

●五段階情報整理法による結婚式のスピーチ

五段階情報整理法は、結婚式のスピーチでも活用できます。

お祝いで禁止されている言葉に気をつけながら、テーマに沿って言葉を置いていくだけでよいのです。

メモをつくるときは、文章にしたなかから単語だけを抜き取り、言葉に詰まりそうになったら、そのメモを見て話を続けるだけで緊張せずに話せます。

また、メモを見る時間は適度な「間」になりますから、聞く側も聞きやすく、話すほうもラクな気持ちで話すことができます。

・スピーチは３分以内に

ただし、話し言葉をそのまま文章にすることや、暗記することはやめましょう。あがりにつながってしまいます。

また、スピーチは３分以内に収めましょう。結婚式のスピーチがなぜ３分かというと、知らない人の話を聞く我慢の限界が３分だからです。

そもそも人は他人の話にはそれほど興味がなく、自分が知りたいと思う話を聞きたいもの。聞く側に視点を置いて、その場にい

る人が興味がもてるエピソードを盛り込んだ3分以内の内容にすれば、聞き手に負担がかからず傾聴してくれます。

・実践同様に話してみる

　次ページの表は結婚スピーチ用に準備した五段階情報整理法のシートです。練習を兼ねて、実践同様に、話すように読みあげてみてください。

　なお、話すときはひと文字ひと文字を丁寧に発音するようにしてください。

　そして「、」や「。」で間を取りながら、自分が納得できる話し方になるまで何度も声に出して読みあげてください。

　実践同様にシミュレーションすることで学習効果がアップし、イメージで話すことができるようになります。

＊新聞や雑誌の記事のように、誰にでも理解できるように話す内容を整理する手法として、「五段階情報整理法」がつくられた。

■結婚式のスピーチの例

テーマ	結婚式のスピーチ
結 論	山田家、田中家、そして、太郎くん、花子さん、 本日は、誠に、おめでとうございます。
根 拠	ただいま紹介に預かりました私は、 太郎くんの叔父の山田二郎でございまして、 太郎くんのことは幼少の頃からよく知っております。
背 景	太郎くんは、 小さな頃から本当に気持ちの優しい子どもでした。 たとえば、このようなエピソードがありました。 〜（エピソードを挿入）〜 そのような優しくて、頼もしい太郎くんなら、 必ず幸せな家庭を築くものと確信しております。
まとめ	まだまだ、若いお二人ですが、 皆様のご指導とご鞭撻を賜りますよう、 お願い申し上げます。
締めの言葉	簡単ですが、 以上で私のお祝いの言葉とさせていただきます。 本日は、誠におめでとうございます。

■五段階情報整理法を使った営業日報の例

この五段階情報整理法は、営業日報の作成にも使えます。

テーマ	営業日報		
結　論	3社訪問（A社、B社、C社）		
目　的	A社 新商品の案内	B社 納品日打合せ	C社 新規訪問
背　景	今川部長と約30分面談。 新規商品にかなり興味をもってくれて、次回は詳細の説明をする約束を得た。	前回からの続き。 注意点3点。 ①梱包を念入りに ②納品場所を山本さんにすること ③担当者は、 山田さんから 山本さんに変更	すでに競合他社の製品を使っている。取引歴5年で、双方の信頼関係強固。価格面で譲歩すれば（最終8掛けまで）、当社が食い込める可能性がある。
まとめ （今後のアプローチ）	サンプルと 見積書を持参	新担当の 山本さんに 取引経緯を説明	2週間後に提案書を持参して再訪問

裏ワザを使えば、
あがりはコントロールできる

●あがりの対症療法

　発話中にあがってきたときでも、ちょっとした裏ワザを知っていれば、脳を安心させ、不安感情に集中しやすい意識をコントロールして、あがらずに話すことができます。

裏ワザ1：声が震えてきたら、「下品な咳ばらい」

　咳込むことで咽頭が開いて声が出しやすくなります。できるだけ低い声で咳きこみ、その間に「落ちついて！」と言葉かけをして脳を安心させましょう。咳きこみはバレません。

裏ワザ2：あがりそうと思ったら「トントン」でリズムを整える

　「あがりそう」の認識は交感神経と副交感神経の変動（リズム）の乱れです。「トントン」と数を数えてリズムを整えましょう。

裏ワザ3：資料は「心臓の下」で抱える

　脳は心臓を守るようにできていますから、資料等はバインダーなどに挟んで心臓の下に置くだけで安心感が増します。

裏ワザ4：頭が真っ白になったら視神経を使う

　視神経は脳内神経の80％とつながっています。頭が真っ白になったら近くの机や床を見るなど視神経を使いましょう。

　また、指に爪を立て、痛みで意識の転嫁を図るのも効果的です。

裏ワザ5：ドキッとしたら指をつねってみる

　小さなドキッであれば「大丈夫！」などの言葉でコントロールできますが、比較的大きなドキッであれば、痛みを与えて、あがりに集中しそうな意識の転嫁を図りましょう。

裏ワザ6：あがりたくなければ天井や遠くの壁は見ない

　脳は空間の広さに不安感をもちます。遠くの天井や壁ではなく、近くの床や机、にこやかな人などを見て安心感を得ましょう。

裏ワザ7：身体の前にテーブルを置く

　心臓と床の距離が長いと不安感が醸成されやすいです。身体の前にテーブルなどがあると安心できます。

裏ワザ8：マイクをもつ手が震えてきたらマイクを使わない

　手の力を抜いて両手でもつとよいのですが、それができないときはマイクを使わず、大きな声で話しましょう。私も講演でパワポが見にくいときなどマイクなしで話すのですが、150人程度の会場なら、大きな声でじゅうぶん伝わります。

裏ワザ9：声や身体が震えてきたら声を大きくする

　大きな声を出すことは意外なほど効果があり、声や身体の震えだけでなく、ドキドキさえも消えることがあります。

裏ワザ10：足がガクガクしたら太ももに力を入れる

　太ももとお尻の筋肉を収縮し、30秒ぐらい過ぎたら解放しましょう。何度か繰り返すとガクガクしなくなります。

＊手をつねって痛みに転嫁したり、数を数えたりして、意識をあがりから他に移す。

笑いとあがり症

笑いのコツは"裏切り"にあるのではないでしょうか?

相手の頭のなかを想像しながらポジティブに裏切り、期待と裏切りのギャップが深ければ爆笑し、浅ければ小さな笑いになる——。そう私は思っています。

芸人のヒロシさんのネタです。

「恋人の浮気が心配で、携帯を見てしまいました…」

「自分の番号が、取引先に入っていたとです」

これを聞いた観客は大爆笑でした。

これは「恋人」と「取引先」との間にあるギャップですね。

笑わせる難しさは、聞く人の頭のなかを想像しながら種をまき、上手に裏切っていくスキル。そこには間合いや口調など、言葉だけで聞く人のイメージを高揚させ落とす技が求められます。

また笑いもユーモアも、相手や聞く人の意表を突くという点ではよく似ていますが、少し異なる点もあります。

食事に誘われたとき、「奢りならいいよ〜」と返すのはユーモアの部類ですが、相手の頭のなかを想像し、瞬時に言葉を返す学習は、自意識が敏感になりやすいあがり症克服にも有効です。

第4章

あがらない話し方をする ためのトレーニング

話し方は技術、
学習すれば磨くことができる

●技術は磨くほどに向上する

　心を込めて、一生懸命に話すことが大事なのであって、話し方は技術ではないと考えている人もいるかと思います。それを承知であえて言いますが、話し方は技術です。

　技術だから、話すことに自信がない人でも新しく学ぶことで上達し、自信をもって話すことができるようになるのです。

　では、話し方とは何かというと、口から先にあるものです。

　考えたことを言葉に変換する、伝える順番を考える、発音に気を配る、声の出し方やスピードの緩急に気をつける、間や口調や抑揚を意識する、表情やジェスチャーを取り入れるなどのすべてが、話すことに関わるのです。

　そして、これらのすべては技術として身につけ、磨くことが可能なのです。

　そもそも技術とは何か？　能力とはどこが違うのか？

　答えはそれぞれだと思いますが、個人的には、人は生きるために必要なことの多くを、技術として、幼児期からの経験や知識という学習で身につけると思っています。

　技術は、習得すればその人の能力となって評価されますから、**話し方も技術として習得すれば、周囲から能力として評価される**、というのが私の考えです。

●話すことに不足を感じるなら、新しく学習すればよい

　自分の考えや気持ちを言葉にし、相手の考えや気持ちを知るためには、言葉や行動で表現しなければなりません。

　その伝え方や表現の仕方など、コミュニケーションの取り方には個人差があり、そのスキルが弱ければ社会生活にとっては大きなデメリットになりかねません。

　日本語には「以心伝心」という言葉がありますが、以心伝心さえ、表情や目の動きが何を示しているのかを読み取るスキルが求められます。もし読み取るスキルがなければ、以心伝心という関係は存在せず、人間関係にとってはマイナスでしょう。

　どのような言葉を用い、どのような伝え方をし、どのように人を動かしていくか？

　そこにはその人自身の知性や感性に依るところが大きいですが、それすらも新たな学習によって高めることができるのですから、やはり話し方は技術であるといえます。

　もし、話すことやコミュニケーションに不足を感じ、自信がもてないでいるのであれば、新たに学習して身につけましょう。

　誰でもいつからでも学ぶことができ、スキルとして活用できるのですから、最大の「ピンチはチャンス」ではないでしょうか。

＊話し方に自信がないと悩むよりも、あなたの周りにいるステキな人
　の話し方を真似ることからでも学習は始まる。

前歯の開きに意識を向けると、あがりが抑えられる

●話し方とあがりの関係

スピーチや発表の場でドキドキせずに話すために、まずこだわってほしいことは、「前歯の開き方」を変えることです。

これまでとは違った話し方、口の開き方に変えるだけで、あがりの記憶に基づくあがり症の条件反射が遮断でき、ドキドキせずに話すことができるようになります。

●前歯を今までより10ミリ開いて話す

あがり症の条件反射を遮断する話し方をするために、まずこれまでと話し方を変える必要があります。

基本的には、前歯は今までよりも10ミリ、縦に開いて話すようにしてください。**前歯を開くことでアゴの動きを変えることができ、滑舌がよくなると同時に、顔の筋肉の動きが変わってあがり症の条件反射が遮断できます。**

同時に、文字間のリズムを整えて話すことが必要ですが、これについては、152〜155ページのトレーニング法を参考にしてください。

なお、前歯を閉じて話すことが習慣になっている人は、148

ページで紹介している、アゴをしなやかにするトレーニングをしたのちに、「ア・ウ・ア・ウ」と指が2本入るぐらいまで前歯を開閉させると、アゴの動きがスムースになります。

●条件反射とリズムを整えた話し方はセットで

　私が主宰するあがり症克服講座では、最初のスピーチからドキドキせずに話すことの実現が特徴ですが、そのために欠かせないツールが「条件反射を遮断する」話し方と「リズムを整えて話す」話し方です。

　この2つの話し方をセットで活用することで、ドキドキせずに話せるようになります。

　とくに、リズムを整えて話すためには、次項から紹介するさまざまなトレーニング法が加味され、その背景にはそれぞれに合理的な理由がありますので、じっくり読んで、活用してみてください。

　成功に近道はありません。

　自分に必要と思うトレーニングを1つ1つ自分のものとし、実践の場で「あがらずに話す」ことを実現してください。

＊脳が安心すればドキドキしない。その方法が今よりも10ミリ前歯を
　開いて話すこと。

言葉の姿勢がよくなると、滑舌がよくなる

●言葉の姿勢とは

言葉にも、姿勢があることをご存知ですか？

言葉の姿勢とは、発話者の母音・子音がしっかり発音されて、聞き手に一文字ずつ言葉がしっかり届くことです。

つまり、滑舌よく話すことですが、先述したように、滑舌の悪さそのものがあがりにつながるわけではありませんが、きれいな発音で言葉を届けることは大切です。

言葉の姿勢と滑舌をよくするために、まずアゴや舌や唇など、口の周りの筋肉を鍛えましょう。

言葉はアゴと舌と唇と表情筋の４つの器官がバランスよく動いてはじめて、きれいな発音になります。

とくに、日本語はアゴと舌で言葉をつくることが多いですから、舌の動きがしなやかだと、きれいな発音ができます。

●舌のしなやかさをチェック

皆さんの舌の動きはどうでしょうか？

確認のために、次の言葉を声を出して言ってみてください。両方とも、アゴを閉じたまま舌だけでつくる言葉です。

「お気に入り」

「おいしい」

「お」のときに唇が中央に寄ってはいなかったでしょうか？
そして、ひと文字ひと文字きれいに、「おきにいり」「おいしい」
と言えていたでしょうか？

実は、実際に話をしている場面では、自分がイメージしている
発音と相手に届いている発音が一致しているとは限りません。

なぜなら、実際にはアゴや舌で言葉をつくりますが、言葉のイ
メージは自分の頭のなかでしているので、自分では「おきにい
り」と発音しているつもりでも、聞いている人には「おけねい
れ」や「おえせえ」と聞こえている可能性もあります。

●舌や口の周りの筋肉をしなやかにする

きれいな発音のためにも、ぜひ舌や口の周りの筋肉をしなやか
にしましょう。

まず、舌先を丸めて、舌先を喉の奥のほうに引っ張る感じで
10回ぐらい吸ってみてください。これを食前などに1日3セット
行うとしなやかな舌がつくれます。

また、唇や口の周りは、顔全体の筋肉を大きく動かすイメージ
で、「イ〜ゥオ〜、イ〜ゥオ〜」と50回前後、入浴中などに継続
するだけで、唇や口周辺の筋肉がついてきて、きれいな発音とき
れいな話し方ができるようになります。

＊言葉の姿勢をよくする練習をして、きれいな発音での話し方になる
よう、意識する。

舌を使って話せると、
言葉がきれいになる

●舌のしなやかさをチェック

　日本語は舌の動きがしなやかだときれいな発音ができます。しかし、舌を意識して話す人はあまりいません。

　まず、口角を上げるようにして口を横にひらいたまま、「アイウエオ」と言ってみてください。このときに唇は中央に寄せず、口は横に開いたまま1ミリも動かさないようにしてください。

　唇を動かさずに、きれいに「アイウエオ」と言えたら、あなたの舌はかなりしなやかです。

　しかし、もし「アイウエア」のように聞こえていたら、舌が硬くなっている証拠かもしれません。

　そのようなときは、舌をほんの少し奥に引っ込める感じで「オ」の言葉をつくってみましょう。

　何度も練習して、「オ」の発音感覚がつかめたら、再度、ゆっくり「アイウエオ」と発音してみてください。舌が微かに動いているはずです。このときも唇は1ミリも動かさないように。

●ラ行は舌先、カ行は舌の奥を使って言葉をつくる

　言葉はすべてひらがなで発音しますが、その言葉は舌とアゴで

つくります。とくに舌は言葉によって使う位置が異なります。

　たとえば、**ラ行は舌先、タ行とナ行は舌先よりほんの少し奥を使い、カ行は舌の奥のほうを使って言葉をつくります。**実際に発音して、舌の動きや位置を確かめてみてください。

　前歯を閉じたまま、舌だけで言葉をつくり話すことも可能なので、舌がしなやかに動くことはとても大切です。

●舌の動きをしなやかにする発音トレーニング

　舌をしなやかに動かすためのトレーニング法です。

　口を横に開いたまま、舌先だけでゆっくり「ラ・リ・ル・レ・ロ」と発音します。このときに唇を中央に寄せたり動かしたりしないでください。

　きれいに発音できるようになったと感じたら、少しずつスピードアップしていきます。

　「タ行」「ナ行」「カ行」もやり方は一緒です。くれぐれも唇は中央に寄せないことだけは、注意してください。

●舌を丸めて吸うだけでしなやかになる

　最後に、舌の筋肉をしなやかにするトレーニング方法をご紹介します。

　まず、**舌を裏返し、舌先を喉のほうに引っ張る感じで吸ってみましょう。**吸うことと啜ることは違いますので、気を付けてくださいね。あくまでも「吸う」です。

＊口を横にひらいたまま、「アイウエオ」と言ってみる。このときに
　唇は中央に寄せてはいけない。

笑顔で話すときに、頬の震えがなくなる

●アゴを支える表情筋

　「表情筋を鍛えましょう」という言葉は、美容系の本ではよく見かけるフレーズかもしれませんが、実は話し方も表情筋を鍛えることがとても重要です。

　目・鼻・口などを動かして顔の表情をつくる表情筋は何の役に立つのかというと、アゴを支えてくれるのです。アゴを開いたときに表情筋が弱いとアゴがすぐ閉じて早口になりやすく、言葉に軽さが出てしまいます。

　また、**表情筋が弱いと笑顔で話そうとしたときに頬がピクピクしたり震えたりして、そこから自意識が敏感になってあがってし**まう人もいます。

●顔全体の筋肉を鍛える

　まずは、顔全体の筋肉を鍛えましょう。

　やり方はとても簡単です。**顔全体の筋肉を大きく動かして「ア〜イ〜ウ〜エ〜オ〜」とゆっくり発音してみてください。**

　とくに「**ウ〜エ〜**」のところでは、鼻の下をしっかり伸ばして、顔全体の筋肉を動かします。

　ポイントは、大きく動かすこと。とても人には見せられないと思うほどヘン顔をしながら、顔全体の筋肉を大きく動かします。

　顔全体の筋肉を動かすことで、アゴや唇の筋肉をしなやかにすることにも役立っていますので、「筋肉を大きく動かす」ことを意識して鍛えてください。

●当初の2週間は毎日。それ以降は週に2〜3回

　注意して鏡を見ていると、3日目ぐらいからなんとなく顔がシュッとし、引き締まってきたことに気づくと思います。

　できれば、1日50回ぐらいのトレーニングが理想ですが、最初は、20回ぐらいからスタートしてもいいでしょう。

　お風呂に入りながらでも、お風呂上がりでもどちらでもOK。当初の2週間ぐらいは毎日20回以上、それ以降は毎日2〜3回実行すれば、いくつになっても若々しい話し方ができます。

　また、「話し方のために」だと続かないと思いますので、視点を「美のため」「アンチエイジングのため」と変えていただくと、長く継続できると思います。

＊表情筋を鍛えることで、アゴや唇に筋肉をしなやかにし、早口や頬の震えを抑えることができるようになる。

アゴ・舌・表情筋・唇が、話し方を決めるポイント

●話し方の基本は言葉をつくる「器」の筋肉を鍛えること

「話す」という行動は、大きく次の4つで構成されています。

1. 言葉という「言語」
2. 声やスピードや間などの「周辺言語」
3. 表情や姿勢・ジェスチャーなどの「非言語」
4. 話の内容という「情報整理」

　言葉そのものの言語、言葉をわかりやすく伝えるための周辺言語、感情を表現する非言語、そして話す内容をわかりやすく整理するための情報整理。

　人はこの4つを統合して自分の気持ちや考えを伝え、人とコミュニケーションを取り、人前でスピーチやプレゼンをします。

　話し方を今よりも洗練させ、ブラッシュアップするためには、この4つのスキルを高める必要があるということです。

●口腔器官は発声や発話にも影響大

　とくに、言葉は「アゴ、舌、表情筋、唇」という器官をバラン

スよく動かしてはじめて、言葉として人に認識されます。

　私はこの**アゴ、舌、表情筋、唇を「言葉をつくる器」**と呼んでいますが、滑舌のトラブルの大半の原因は、この4つの器官にあります。

　歯や舌や口の天井にあたる口蓋^{こうがい}を含む「口腔」は、呼吸や摂食などの生命維持の根幹であるとともに、コミュニケーションに不可欠な発声や発語の役割も担っています。

　この器官を鍛えることで相手に伝わりやすい話し方ができるようになり、自分の話し方に自信がもてるようになります。

　次項からは、言葉をつくる器の鍛え方と、それぞれの器官を鍛えるとどのような効果・効用があるのかについてお伝えしていきます。

＊話し方や発音は「言葉をつくる器」の動きで決まり、話すための器官を鍛えることで話し方に自信がもてるようになる。

アゴを柔らかくすると、
話すのがラクになる

●口をあまり開けずに話すと……

　最近よく見かけるのが、口をあまり開けずに話す人です。正確には上下の歯の間隔をほとんど開けずに話す人ですが、このような話し方をする人に限って、口先で言葉を発していることが多いです。

　上下の歯の間隔が狭くては言葉がはっきりと発せられず、聞き手にしっかり届きません。

　また、前歯が閉じがちでは口先で話すために早口になりやすく、言葉を噛んで、言い直すことが多くなります。

　これらが原因で、なんとなく話しが通じにくいと感じ、人とコミュニケーションを取ることが面倒になったり、苦手感を強めてしまう人もいます。

●アゴの付け根をマッサージ

　こうした話し方になりがちだと思う人は、まずはアゴの硬さを確認してみましょう。

　声を出して「アウ アウ」と発音し、アゴの動きに注目してください。

　次に、アゴの付け根と頬骨の下のくぼみにある痛いところを探し、適度に力を入れながら、両方とも親指で30回ぐらいマッサージしてみてください。

●アゴがスムースに動き、話しやすくなる

　マッサージが終わったら、再び、「アウ　アウ」と言ってみましょう。

　アゴの動きが軽くなっていることに気づいたらOK。そのまま自分の名前を4〜5回言ってみてください。アゴの筋肉がしなやかになり、話しやすさが実感できるはずです。

　思い出したときでよいので、日に2〜3回アゴをマッサージしましょう。それだけでアゴの動きがしなやかになり、話しやすい口腔環境がつくられます。

＊アゴの硬さは肩の凝りと一緒。日に2〜3度マッサージしてアゴの筋肉をしなやかにするだけで話し方がラクになる。

アゴを止めて話すと、
ゆっくり話せる

●あがり症の人は早口!?

あがり症の人はだいたいが早口です。**交感神経が活性化されて興奮状態にあるので、無意識に早口になってしまうのですが、早口だと言葉に思考が追いつかず、頭が真っ白になります。**

ではなぜ早口になってしまうのかというと、アゴを開いてすぐに閉じてしまうためです。「開いて閉じる」の間に「止める」という行動を入れると、早口をコントロールすることができます。

●早口を改善する「あかさたな」発音法

ゆっくり話すだけで安心して話すことができますから、アゴを止めて話す習慣をつくりましょう。

トレーニング法は、「あかさたな」発音法です。

「あ・か・さ・た・な・」と発音するときに、「あ」と開いて「・」で閉じますが、この「・」のときに上下の歯を合わせて音を出すようにしてください(音は奥歯で出すようにすると出しやすいです)。

「あ」・音、「か」・音、「さ」・音、という感じです。

ポイントは、「あ」と開いたらそのままアゴを止め、閉じると

きに上下の歯を合わせて音を出します。なお、「あ」や「か」で声は出しますが、それ以外は無声です。

アゴがしっかり止まっていないと音が出ません。音は小さくてもかまいませんから、音が出るまで何度も練習してください。

音が出るようになったら次は、その音を均一にしましょう。

慣れないうちは、音にばらつきが出ますから、「あ」・音、「か」・音、「さ」・音と繰り返しながら、すべての音が均一になるまで何度も練習してください。

均一に音が出るようになったら、この発音法を毎日10回ぐらい繰り返し、トレーニング後に自分の名前を一語一語丁寧に言ってみてください。これまでとちがったきれいな言葉で聞こえるはずです。

●トレーニングの後の音読を忘れずに

トレーニングは1セット10回、1日3セットやりますが、終わった後に必ず音読をしてください。新聞でも本でも何でもかまいません。一語一語を丁寧に発音する気持ちで読みあげると、自然にアゴが止まり、アゴと舌で話す話し方になっています。

なお、「あかさたな」発音法は器官を動かす技術のトレーニング、音読はその技術を話し方に落とし込む作業です。音読を忘れると技術が身につきませんから、忘れないようにしてください。

実は、アゴを止めた話し方で言葉に重みが出ます。50代以上の人には必要なスキルではないでしょうか。

＊アゴを止める話し方をするとゆっくり話すことができ、あがりや緊張がコントロールできるようになる。

発音のリズムを整えると、上手な話し方に変わる

●リズムを整えて話す練習をしよう

日本語の五十一音は一つ一つが一定の音節を持つため、とてもリズミカルです。

俳句の五・七・五などは、創作の楽しみと同時に、言葉が刻むリズムを楽しむことも含まれているように思えます。

この日本語の言葉のリズムをヒントに開発したのが「リズムを整えて話す®」という話し方ですが、この話し方を練習することでリラックスして話せるだけでなく、聞き手からウマイと言われる話し方ができるようになります。

●再び「ア・イ・ウ・エ・オ」の練習

ここで再び142ページで紹介した「アイウエオ」の練習です。まず、鏡の前で、口を横に開いて表情筋をしっかり上げ、「ア」、「イ」、「ウ」、「エ」、「オ」と、ゆっくり母音だけで発音してみてください。

このとき、口を尖らせるほどに極端ではないにしても唇を中央に寄せないようにしてください。口を横に開いたまま、舌が微かに動いていることを確かめながら発音するようにしてください。

　次は、ゆっくり口を横に開いたまま頭のなかにメトロノームを置き、**メトロノームの動きに合わせて１秒間隔で、「ア」、「イ」、「ウ」、「エ」、「オ」と発音します。**

　メトロノームの針が右を指したときに「ア」、左を指したときは一拍お休みします。また右を指したときに「イ」と発音し、左を指したら一拍お休みし、最後まで何度か繰り返します。

　膝をトントンと叩きながら、「ア」＋トン、「イ」＋トン、「ウ」＋トン、という感じです。

●「は・じ・め・ま・し・て」でも同じ練習を

　リズムを整える練習として、「は」、「じ」、「め」、「ま」、「し」、「て」も有効です。

　こちらもやり方は同じで、「は」と発音したら一拍休む、「じ」と発音したら一拍休む、という感じで口は横に開いたままです。

　アナウンサーで唇を中央に寄せて話す人はめったにいません。唇で言葉をつくるのではなく、舌で言葉をつくる感覚です。

　最初は難しいですが、すぐにコツがつかめ、リズムを整えた話し方ができます。このリズムが脳の安心感につながります。

＊日本語の美しさにはリズムの心地よさも含まれる。一語一語発音することに意識を向け、リラックスして話す。

リズムを整えて話すと、脳の安心感につながる

●あがりはリズムの乱れ

　日本語は、話すときに一文字ずつ発音することに特徴があります。少し専門的になりますが、一文字を一拍と認識する「拍言語」なので、リズミカルに話すことは、脳に安心感を与えることにもなります。

　もともと、「**あがりは、自律神経の交感神経が活性化したリズムの乱れ**」という仮説をもとに克服法を考えていて、そこに日本語の拍言語のリズムが加わって、「リズムを整えて話す®」という話し方が生まれました。

　言葉のリズムを整えて話すことでリラックス神経である副交感神経が優位になり、あがらずに話すことができるようになります。

　リズムには、「アゴを開く、アゴを閉じる」の発音のリズムと、「あがりはリズムの乱れ」の身体症状につながるリズムの2つが含まれます。

●日本語をリズミカルに話す

　英語はイントネーションに抑揚があるのでそもそもリズミカルですが、日本語も一語一語を一拍としてはっきりと発音すれば、

リズミカルになります。

　たとえば、「田中」を発音するときは、「た」「な」「か」と3拍で言います。

　また、「チョコレート」の場合は、「チョ」「コ」「レ」「ー」「ト」で5拍での発音となります。

　さっそく練習してみましょう。

　一拍一秒でリズムをとりながら手を叩き、前歯をしっかり開いて「た」「な」「か」と5回発音したあと、「たなかさん」と言ってみてください。これまでより話し方がきれいで、なんとなく話すのがラクになったと感じませんか？

　そして、「リズムを整えて話す」ためのトレーニングツールとして開発したのが「ロボット言葉®」です。

●文字間のリズムを整える「ロボット言葉」

　ロボット言葉には「アゴを止める」練習も含まれているので、一秒間隔で手をたたきながら、「・」で一拍休んで発音しながらトレーニングをします。

　そのため「た・な・か・」は6拍と数え、「・」のところでは口を開いたままにし、次の言葉の直前にいったん口を閉じてから発音します。

　まずは「た・な・か・」で何度も練習してみてください。最初は難しいですが、すぐにコツがつかめ、リズムを整えた話し方ができます。このリズムが脳の安心感につながります。

＊日本語の美しさにはリズムの心地よさも含まれる。一秒間隔で手を
　叩き、好きな言葉で発音の練習をしてみる。

「文節」を意識して話せば、リラックスして話せる

●言葉のリズムが整う話し方

　文節を意識して話すだけで、自分も話しやすくなり、聞き手にとっても聞きやすい話し方ができます。

　滑舌に問題がないという人は、この文節を意識した話し方をするだけでも言葉のリズムが整い、リラックスできてあがり度が減少します。

　聞き手にとっても、上手な話し方という印象で伝わります。

●「ネ」を入れて区切れるところが文節

　文節とは簡単にいうと、文章の間に「ネ」を入れて切ってもおかしくないところです。

　たとえば、「赤い花が咲いた」というのは、「赤いネ、花がネ、咲いたネ」というように、3つの文節に分けることができます。

　これを「あかいはながさいた」と一気に話すのではなく、

　「あかい、はなが、さいた」

　と3文節で話してもよいですし、

　「あかいはなが、さいた」、

　あるいは

「あかい、はながさいた」
と、2文節に分けて話してもよいです。

少し長めの文で練習してみましょう。まず文節を見つけます。
「はじめネましてネ、○○ネ○○とネ（自分の姓と名）申しネ
ますネ。お会いネできてネたいへんネうれしいネですネ」

・最初は一秒間隔で手を叩きながら、拍に合わせてひらがなを読
　み上げます。口はやや大きめに開きましょう。
・一字ずつ読み上げることを3回やったら、次は「はじめまして」
　と1文節で3回読みあげます。
・最後は、複合語はつなげて読みあげてみてください。次のよう
　な文節になるかと思います。
「はじめまして、○○○○と、申します。お会いできて、たい
　へん、うれしいです」

　前歯を開きしっかり舌とアゴを使うことを意識しながら、何度
も練習してみてください。

＊文節を区切ることを意識して話すだけで、リラックスした話し方が
　できるようになる。

丹田呼吸法が、 リラックス状態をつくる

●呼吸の乱れは心身の乱れ

　実は、緊張しやすい人には、呼吸のバランスが乱れている人がとても多いです。

　私が主宰するあがり症克服講座には、あがり症の人や会話が苦手という人がたくさん来ますが、克服に時間がかかる人の多くが、呼吸のリズムの乱れをコントロールできないことに原因があります。

　緊張しやすい人は、日ごろから深い呼吸を心がけましょう。

　丹田呼吸法をマスターし、瞑想を取り入れると、よりリラックス効果が高いですが、1日に数回、ゆっくりと深呼吸するだけでもかまいません。

　深い呼吸を習慣にすることで、脳内にリラックス状態のときに出るアルファ波が発生し、硬直してしまった心身の緊張が緩和されます。

●丹田呼吸法の行い方

　丹田とはおへその下の約5〜6センチ、おへそに握りこぶしを当てた小指のあたりを指します。

　まず、丹田部分に軽く両手を添え、唇をとがらせ、その唇から
ゆっくりと息を吐き出します。このとき、少しずつ息を吐き出す
つもりでやると、ゆっくりと吐くことができます。

　息を吐き出すにつれてお腹がへこんできますから、下腹部が
ぐっとお腹に引き込まれていくような気持ちで、最後までゆっく
りと吐き出してください。この間、およそ10～15秒ほどです。

　息を吐き出したら口を閉じ、両手を丹田に置いたまま、鼻から
ゆっくりと3秒ほどかけて息を吸います。息を吸うにつれて丹田
が膨らんでくることがわかると思います。

　ゆっくり吸ったら、吐くまでに約2秒ほど息を止め、それから
10～15秒かけて息を吐き出します。

　息を吐くとき10～15秒、吸うとき3秒、吐く前に2秒の息止
め、この3つを意識して、最初は5分ほど練習してみてくださ
い。なれるに従い、10分、15分と時間を延長していきます。

＊心身がリラックスモードになる丹田呼吸法を最初は3分、なれるに
　従い、10分、15分と時間を延ばして実践する。

呼気を強くし低い声で話すと、声が震えなくなる

●声が震える原因を知る

　声の震えにはいくつもの原因があり、解決法も原因によって異なります。ここでは、声の震えの原因と解決法を紹介します。

①呼気が弱い

普段から呼吸が浅い人は、どうしても呼気が弱くなります。とくに女性に多いですが、20代の男性にも見られます。

②息を止めて話している

学生時代にスポーツをやっていた人や、集中力を要する仕事に就いている人に多く見られます。

③息つぎに問題がある

極度の緊張から息つぎを一時的に忘れてしまうことで、息苦しさから声の震えにつながります。

●声の震えの問題を解決する練習法

　両足を肩幅に広げ、①口を「オ」の字に開き、できるだけ低い声で「オー」と発音してください。

　低い声が出ない人は、アゴを下げ(志村けんさんの「アイ〜ン」を「ウイ〜ン」に変えた感じ)、下アゴの内側を舌先で撫で

るようにすると喉が開きますから、そのまま低い声で「オー」と言ってみましょう。

　イメージとしては、牧草地で牛がのんびり「モ〜」と鳴いているような感じです。

　声は小さくてもかまいません。②低い声で10回ぐらい「オー、オー」と声を出し、その後に③「低い声を出すぞ」と考えながら、自分の名前を言ってみてください。

　声が出しやすくなり、声のトーンも変わっているはずです。

　毎日5〜6回ずつ、1週間続けてみてください。

●呼気を強くする「口封じ」

　次は、前項で紹介した丹田を意識した呼吸法とは異なる、呼気を強くするためのトレーニング法です。

　①ティッシュペーパーを4つに折り、手のひらに乗せる。

　②口をタテに開き（大きく開く必要はない）、ティッシュが乗った手のひらで口をふさぎ、息ができない状態をつくる。

　③できるだけ低い声で、ゆっくり「ウッ！」と唸るように5回ぐらい、低い声を出してみる。できれば、「ウッ！」と唸っているときに、下腹が微かに動いていると理想的。

　④口をふさぐのをやめ、自分の名前を大きな声で言ってみる。

＊低い声で「オー」と発声したり、のどの奥から「ウッ！」と唸るような練習で、声の震えを抑える。

息を吐きながら話す習慣が、内向きの声を解消する

●息を止めて話す人

あがり症に悩む人のなかには、声は震えないけれど、力んだような内向きの声で話す人がいます。こうした人は、「息をつまらせて」話していることが多いようです。

普通に会話しているときは問題がないけれど、人前で話すとなると息をつまらせた話し方になってしまうのです。

息を吐かなくても声を出すことは可能ですが、そのような声を私は「内向きの声」と呼んでいます。受講者の中にもたくさんいらして、ヒアリングしてわかったことは、学生時代に野球やテニスなどのスポーツをやっていて、ボールを打つ瞬間や技をかける瞬間に息を止めた経験があることや、デスクワークでも、集中するあまりについ息を止めて仕事をしてしまう、そのような人に多く見られる傾向でした。

そうした経験のある人が、不安感が強い場面や集中するときなどに、「息をつまらせる」ということが反射的に出てしまうのだと考えます。

●息を吐きながら声を出す「ハヒフヘホ発声法」

息がつまると内向きの声になり、声が出しにくくなるために、あがりが増長されてしまいます。

ここでは、息を吐きながら発音するトレーニング法の「ハヒフヘホ発声法」をご紹介します。

「ハ」と発音する前に少し息を吸い、「ハッ」と声を出します。同じように「ヒ」と発音する前に少し息を吸い、「ヒッ」と発音します。

これを「ハ」から「ホ」まで1セット5〜6回繰り返します。

このときに肩が上がらないように。また、下腹に手を触れて、下腹が動くことを感じながら行うと、さらによいです。もし脳に酸素が届かず、頭がクラクラしたら少し休んでください。

●息を吐きながら話す「ハヒフヘホ音読」

また、「ハヒフヘホ音読」も息を吐きながら声を出す習慣をつくるうえで有効です。

新聞や本を読むとき、5〜6行を目で追いながら「ハヒ、ハヒフ、ハヒフヘホ」と言って肩慣らしをしたのち、声に出して新聞や本を読み上げます。

トレーニング期間の目安は、息を吐きながら声が出せていることが実感できるまでですが、音読は趣味としても良いことですので、毎日続けていただいてもよいかと思います。

＊息をつまらせて話すと上ずった声になる。それを解消するために「ハヒフヘホ発声法」と「ハヒフヘホ音読」を行う。

短く文節を区切ると、息継ぎがラクになる

●「文節と間」を意識する

　前項に引き続き、息継ぎの問題を解消する方法を紹介します。

　話している途中で息苦しくなると声が上ずり、あがりが強化されてしまいます。**息苦しくなる原因の多くは、息を「吸う、吐く」のリズムの乱れですが、改善法は「文節と間」にあります。**

　次の文章を声を出して読んでみてください。

　「朝の当番のスピーチ、今日は私が担当します。いまからお話するのは、今朝、電車の中で見た光景です。」

　自分がどこで息継ぎをしたか、気づきましたか。

　では、次の文章の文節の「／」ところで、トントンとリズムを整え、間を取りながら読みあげてみましょう。

　「朝の／当番のスピーチ／今日は／私が担当します／いまからお話するのは／今朝／電車の中で見た／光景です。」

　短く文節を区切ると息継ぎがラクになります。こうした話し方を意識し、息継ぎのリズムの感覚をつかんでください。

＊話の途中で息継ぎができなくなる予防法として、文節でしっかり間を取る練習をする。

第5章

話し方が上手になる日常の会話術

説得力のある話し方は、大勢の人を動かす

● 「話し方がうまい」とは

　成功している人の多くは、話し方が上手です。

　話し方がヘタでは、人を説得できませんし、説得できなければ相手や周囲から信頼を得ることが難しく、大勢の人を動かすことはできません。

　日本には、「口が達者」「口先だけ」「舌先三寸」などの慣用句があり、話がうまいことにネガティブな思いがあったりしますが、プレゼン時代といわれる現代において、話すことに自信がなく、円滑にコミュニケーションが取れないとビジネスで支障をきたし、とても人を動かすことなどできません。

　ところで、「話し方がうまい」とはどのようなことをいうのでしょうか?

　私は、**「必要なときに、必要なことを、必要な言葉で表現できること」**と捉えています。

　たとえ言葉数は少なくても、必要なときに必要な言葉できちんと伝えることができる人は、上手な話し方ができている人だと思います。

　反対に、多弁で自慢話ばかりするような、自己中心的な話し方

では信頼関係を築くことは難しく、この人のために何かしたいとは思わないでしょう。

　言葉を多用しなくても信頼関係を築くことができ、人を動かして本来の目的を達成する。成功者とは、まさにそのようにして最大の結果を得ている人のことなのです。

●「話す」のがうまいではなく、「話し方」がうまい

　さて、私はあえて本文中で「話し方がうまい」と表現しました。

　なぜ、「話すのがうまい」ではなかったのか？

　理由は、「方」の文字には、「あの方」や「地方・方角」などのように人や場所や向きなど、いろいろな意味があるからです。

　「話し方」と表現することで、「話す」という行動に伴う発音や発声などの「手立てや方法」、つまりトレーニングすれば上達させることができる技術についてもお伝えしたいとの思いを込めています。

＊必要ときに必要なことを必要な言葉で伝える。それが、上手な話し方であり、人との信頼関係を築いて成功する秘訣でもある。

聞き手を意識すると、
賛同される話し方になる

●人を動かす4つのポイント

　人を動かすためには、相手の理解や同意、賛同を得なければなりません。

　そこでここでは、説得力を高め、人の気持ちや行動を動かす4つのポイントを紹介します。

①理性とともに、感情にも訴える

　相手を動かすには、相手の感情に訴えることも大切です。人間は感情の動物ですから、どんなに合理的な主張や意見であっても、感情の共有が図れない相手とは共存できません。

　自分は決して感情的にならず、理性的かつ合理的に相手の感情に訴える。それが人を動かす基本です。

　そのためには、人を見下したり否定する言い方をしないことの習慣は当然ですね。

②聞き手の論理で話す

　ビジネスシーンでは、さまざまな場面で説得型のコミュニケーションが求められますが、大切なのは「相手の論理で話す」とい

うことです。

　感情的になって一方的に主張したり、自分の思い込みで話すのではなく、相手の立場に立って話を展開させます。

　相手の論理に立って話すことは人間性を育むうえでも大事なことで、その結果、物事を寛容に見ることができるようになれたり、人が動いてくれやすくもなります。

③聞き手のメリットを意識する

　自分を主役にした話には、誰も興味を示しません。人は、自分に関連のある話や役に立ちそうな話に興味をもつので、話題を選ぶときは「役立つ」を視点に話をすると、よく聞いてもらえます。若い人なら、お金の貯め方や節約の仕方などは役立ちますね。また、失敗した話や離婚した話なども将来に役立ちますので、聞き手にとってはメリットになります。

④聞き手に合わせて話す

　スピーチや発表は、聞き手が誰かによって、話す内容や伝える言葉を変えましょう。

　たとえば、大人に話すのと子どもに話すのとでは話し方や内容が変わるように、30代のグループに話すときと、50代、60代の役員に向かって話すときとでは、声のトーンやスピードが違ってきます。相手に合わせて話すこと、とても大事です。

＊人を動かすには、相手が自分から動いてくれるような気持ちになることが大事。そのためにも感情の共有は欠かせない。

話し方を磨けば、
評価される人になる

●あがり症で思うように発言できない悔しさ

高いコミュニケーションスキルを有することが、ビジネスにおいても社会生活においても大きな武器となる現代。

私たちは、誰かに話し方について習ったわけでもなく、なんとなく自分が知っている話し方や伝え方で人とコミュニケーションを取り、スピーチやプレゼンで話しています。

しかし、これはかなり怖いことではないでしょうか?

なぜなら、どれほど高い知性や能力があっても、話し方や伝え方がヘタでは、知性や能力が正当な評価を受けることが難しいからです。

素晴らしい能力やスキルは、聞く側の目や耳でしか判断できないのに、話し方に関する客観的な知識を持たずに社会生活を送るのは、もったいなくもあり、恐くもあります。

「どんなに能力が高くても、会社では言ったもの勝ち。結局は発言力のある人が認められる」

この言葉は、かつて私の講座の受講者だった人が言った言葉です。あがり症で思うように発言できないことの悔しさが滲んでいました。

●「主張性」を身につけなければ、能力は発揮できない

　寡黙であることが美徳とされたのは昔のこと。

　現在は人種を超えたさまざまな場面で、自分の意見や考え方を率直に伝える「主張性」を身につけなければ、能力を発揮することができません。

　友人同士のフランクな場面ではフランクな話し方やパフォーマンスができることの一方で、100人や1000人の聴衆を前にしてのプレゼンでは、その場にふさわしい堂々とした話し方とパフォーマンスが実行できてはじめて評価されます。

　話し方は技術ですから、磨けば誰でも上手になります。

　しっかり伝わる話し方と情報整理の方法は、基本から応用まで本書を通して身につけていただくことが可能です。

　＊話し方はその人の能力や人格として評価されてしまう。しかし、磨けば誰でも上手に話すことができ、話し方に自信がもてる。

語りかけるように話すと、聞き手は関心を示す

●**聞き手を主役にした話し方**

あなたはどんな話し方や伝え方ができたら理想でしょうか？

スラスラと淀みなく、巧みな言葉で立て板に水のように話す話し方でしょうか？

それとも、一人ひとりとアイコンタクトを取りながら、聞き手にしっかり語りかけるような話し方でしょうか？

どちらが良いか答えが出てこないという人は、どちらの人の話が聞きたいと思うか、の視点で考えてみてください。

私はどちらかというと、後者のほうが聞きやすいのではないかと思い、講演などでお話させていただくときも、一人ひとりに語りかけるように話すことを心がけています。

なぜなら、人には常に自己承認の気持ちがあり、聞いてくださる方々を主役にして話したほうが伝わりやすいからです。

●**話すことことは「聞いてもらうこと」**

実は「話すことが得意」と思っている人のなかには、意外とヘタなのではないか、と思える話し方をしている人が多いことに気づくことがあります。

　話すことは「聞いてもらう」ことと表裏ですから、聞く側が興味をもてる内容や話し方でなければなりません。

　たとえば、流れるようにスラスラと話す人は、途中から内容が頭に入ってこなくなり、聞くのをやめてしまうことが多いです。

　また、ただ長いだけでまったく内容がない話にはウンザリして途中で聞くのをやめるし、自慢話で気持ちよくなっている人の話は、聞きたくもありません。

　聞く側の本音は、あなたが話したいことではなく、私が聞きたいこと、私が知るべきこと、私が興味をもつことを話してほしいのです。

　相手を主役にした話し方をすると、聞き手は話し手に興味関心をもち、聞く姿勢を示してくれるようになります。

●**聞き手の興味は結論と要点**

　そのために大事なことは、何が言いたいのか話の結論や要点が明確であることです。

　立て板に水のごとく話す人は、たくさん話そうとして言葉数が多くなるぶん、話が散漫になりやすく、聞いてもらえないかもしれませんので注意しましょう。

＊話すときの主役は常に聞き手であることを前提にすると、何をどのように伝えればよいかの整理がしやすくなる。

プレゼンやスピーチには、それに適した話し方がある

●話し方は相手との距離感で違ってくる

「この人は話すのがウマイな〜」と、誰もが感心してしまう話し方は、どのような話し方なのでしょうか？

そして、うまいと思われる話し方をするには、どうすればよいのでしょうか？

多くの人は「話の中身」に注目して、中身を充実させようとするかもしれません。ですが私は、中身も大事だけれど、発音や発声も大事だと考えています。

たとえば、机を挟んだ70センチの距離（対人距離）で話すときの発音や発声と、プレゼンなどで3メートル以上離れた人たちの前（衆人距離）で話すときの発音や発声は、おのずと違ってきます。

というのも、聞く側は空気の振動で相手の声や言葉を聞き取るため、距離によって話し方を変える必要があるからです。

つまり、70センチと3メートルの距離の違いが、発音や発声に影響してくるのです。

70センチの距離では口を閉じたまま話しても、言葉や声は相手に届きます。しかし、3メートル以上の距離で口を閉じたまま

で話していては、言葉も声も不鮮明で、とても伝わりにくくなります。

●「お喋り」の話し方ではなく、「伝える」ための話し方を

　発表やスピーチなどで人前で話すとき、多くの人が普通の会話のときと同じように、アゴや舌を使わずに言葉をつくる、間をとらずに話す話し方をしています。

　私は対人距離の話し方を「お喋りの話し方」、衆人距離の話し方を「伝えるための話し方」と呼んでいますが、**あがり症の人は人前で話すとき、お喋りの話し方は避けるべきです。**

　人前で話すときには、しっかりアゴと舌を使って、「伝える」ための話し方をするようにしましょう。

　では、伝えるための話し方とはどのような話し方かというと、ひと言でいえば「リズムが整った」話し方です。

　言葉の一文字一文字がしっかり発音されていて、声に力強さが感じられる話し方です。

＊対人距離ではお喋りの話し方でもOK。しかし衆人距離ではアゴと
　舌をしっかり使って「伝える」ための話し方をする。

しっかり伝えたいときは、
最初と最後の2度伝える

●人は後半の言葉に注目して記憶する

　ビジネス場面ではとくにそうですが、人はまず結論を先に知りたがります。しかし、脳が記憶するのは最後の言葉です。

　聞く人にしっかり伝えるためにも、大事なことを伝えるときは、最初と最後に2度繰り返して伝えるようにしましょう。

　人は忘れる動物、いちど伝えたからといって記憶してくれるとは限りません。とくに興味のない話や自分に関わりがなければ、聞いてもすぐに忘れてしまいます。

　そのようなときこそ、記憶のメカニズムにある、「**人は後半の言葉を記憶する**」という法則を利用しましょう。

　次のメッセージは、どちらも同じことを言っているのですが、皆さんはどちらの人と飲みに行きたいですか？

　　Aさん：「飲み会は好きだけど、お金がかかる」
　　Bさん：「お金はかかるけど、飲み会は好き」

　圧倒的にBさんですよね。なぜなら後半にある「飲み会が好き」という言葉が強く残っているから。

　Ａさんもそれほどは思っていないかもしれないのに、後半に「お金がかかる」と置いたために、聞く側にとってはマイナスなイメージが強く残ってしまいました。

●後半に感情的な言葉があると人間関係もうまくいかない

　実はこの法則、人間関係にも影響を及ぼします。
　たとえば、自分の気持ちを次のように表現する人は、上手に人と付き合うことが難しいかもしれません。

　「Ａさんは、人の噂話ばっかりするから、キライ」

　単に自分の感想を言っただけなのに、Ａさんを見るたびに「キライ」という自分の感情を記憶し、嫌悪感を募らせます。
　もし、

　「Ａさんはキライ。人の噂話ばっかりするんだもの」

　と表現していたら、Ａさんの特徴を記憶していくので、それほど感情的にならずにすむはずです。
　こうした記憶の法則に着目して、大事なことは最初と最後の２度伝えましょう。

＊最初よりも最後の言葉を人は記憶する。大事なことは最初と最後の
　２度、繰り返して伝えるようにする。

聞き手の印象は、
後半の言葉で違ってくる

●**言葉の順番で印象が大きく変わる**

　ネガティブな言葉のあとにポジティブな言葉で補うことには、心理的な効果があります。前項で紹介したように、脳は後半の言葉に注目するためですが、このことにより、後半にある言葉でその人やその場の印象が大きく変わってしまうことがあります。

　たとえば、皆さんが悩みごとの相談を受けたとき、次のAさんとBさんのどちらに前向きな印象をもつでしょうか？

　A「自分を変えたいんですよね、人間関係が苦手なので」
　B「人間関係が苦手なので、自分を変えたいです」

　どちらも同じことを言っているのですが、Aさんからはどちらかというと、人間関係が苦手なのでと言いながらため息をついているような、ネガティブな印象が伝わってきます。

　それに対してBさんは、自分の問題に前向きに取り組もうとしているような、ポジティブな印象を受けます。

●後半にポジティブな言葉があると前向きな印象になる

誰にもある言葉グセ。たくさん比較して、感じ方の違いを実感してみてください。

　A「華やかで羨ましいけど、私は好きではない」
　B「私は好きではないけど、華やかで羨ましいと思う」

　A「よく頑張っているけど、なかなか結果が出ないね」
　B「なかなか結果が出ないけど、よく頑張っているね」

　A「Mさんは飲むと楽しいけど、愚痴が多くなるよね」
　B「Mさんは愚痴が多くなるけど、飲むと楽しいよね」

このように**前半がネガティブでも、後半にポジティブな言葉があると聞く側にとって印象は良くなります。**

相手のマイナス面を指摘したいときや依頼ごとを断るときなど、自分に自信がない人は、正面切ってそのことを口に出すことにためらいがちになります。

ですが、はじめにマイナスのことを述べたあと、プラスの言葉を補足すれば、断りの返事であっても、相手の受け止め方は和らぎます。

＊脳は後半の言葉に注目し記憶する。依頼を断るときなど、そのあとにポジティブな言葉を添えると悪い印象にはならない。

どんな話し方かを、スマホ動画でチェックする

●口調で印象が大きく変わる

人は話の中身よりも、声や表情、しぐさなど、話している人の雰囲気や話し方に注目していることが多く、中身はそれほど聞いていません。

そのため、聞いているときは「うまいこと言うなぁ」と思っても、聞き終わった後は、話の中身をほとんど覚えていません。

なかでも、気をつけたいのが「口調」です。

口調には感情が伴うため、言葉よりも、感情を伴った口調のほうがその人の本音なのだろう、と判断してしまうのです。

人は多くのことを目や耳で判断していますが、相手が言った言葉よりも、自分が見聞きしたことを信じようとします。

人は見た目が90%以上と言う人もいますが、見た目よりも口調が印象を左右することもありますので、自分の話し方をスマホなどの動画で撮影し、口調や話し方をチェックしてみるといいでしょう。

＊口調など話し方のクセがその人の印象を決めてしまうことがある。聞き手に不快だと思うことはすぐに改善する。

自分とは関係ない話には、興味を示さない人が多い

●自分と関わりがあるときは聞く

人は多かれ少なかれ、自分中心的に考えてしまうものですが、これは人間の生存本能がそうさせているものでもあります。そのため、自分に関わりがあることには無意識に興味をもちます。

私の趣味の話だから聞きたい、私の仕事に関係するセミナーだから参加する、私の持病についての話だから絶対に聞き逃さない、といった具合に、判断の基準は常に「私」なのです。

雑談やちょっとしたスピーチのときにこのことを念頭に置き、聞き手自身が関心をもっていることをテーマにすれば、傾聴してくれる話ができるということでもあります。

話し上手になるには、相手の関心にもしっかりと注意を向けておくことが大事になります。

ふだんの会話でも「面白い話があるんだけど」と言うよりも、「佐藤さん、面白い話があるんだけど」と聞き手の名前を入れると、その人の関心の度合いがぐっと高まるのも同じ効果です。

＊人は他人の話には興味がない。どうすれば人に聞いてもらえるのか、相手が興味をもつ話とは何かを考える習慣がポイント。

擬態語や比喩の使い方で、聞き手の印象は変わる

●言葉のイメージを広げる

聞く人のイメージ力を高める伝え方ができると、周囲からの評価があがると同時に、話すことに自信がもてます。

ポイントは、比喩的表現や擬態語、擬声語を使う、です。

たとえば、「疲れていた」よりは、「疲れてグッタリしていた」のほうが臨場感があります。

また、「とつぜん雨が降ってきて」よりも、「とつぜん雨がザーッと降ってきて」のほうが、聞く人の想像力やイメージが強く刺激されます。

以下はイメージが増す表現法の一例です。

至福のとき　→　とても幸せな気持ちになって

満面の笑み　→　顔いっぱいに笑顔が広がって

容易なこと　→　やさしいこと

感涙にむせぶ　→　ありがたくて涙が出る

逆鱗にふれる　→　激しく怒らせてしまい

＊擬態語や擬声語は感情や状況を臨場感をもって伝えたいときのテクニック。

期限や数値を示すと、
行動しやすくなる

●期限や数値をはっきり示す

話すことに自信がないと、ついあいまいに言いがちです。

しかしそれでは、相手の都合のいいように解釈されてしまい、トラブルのもとになりかねません。**誤解や意見の食い違いを避けるためにも、具体的に伝えることを習慣にしましょう。**

たとえば、上司から部下に指示を出すとき、やるべきことが具体的でなければ行動に移すことができません。とくに、期限や数値は具体的に伝えるようにすると、相手は戸惑いません。

例：■はあいまいな伝え方、□は具体的な伝え方

■なるべく早くお願いします。

□本日の17時までにお願いします。

■できるだけたくさん用意してください。

□最低でも50個は用意してください。

■たくさん意見を出してください。

□1人3案以上の提案をお願いします。

＊伝えることには、心を動かす、行動を促すなどの目的がある。聞き手が行動しやすいように、具体的であることを心がける。

キツイ言い方を、
肯定的な表現に変える

●言い方次第で受け止め方は変わる

　日本人は相手から嫌われないためにストレートな言い方が苦手ですがストレートな表現でも相手を傷つけない方法があります。

　たとえば、「遅いよ！」と言われたら反発したくなりますが、「待ってたよ」と言われたら、申し訳ない気持ちになります。

　「肉料理はキライなんです」と言われたら、主張が強い人と感じて距離が一歩離れますが、「野菜のほうが好きです」と肯定的に言われたら、気持ちが一歩近づきます。

　例：ネガティブな言葉を肯定的に表現する一例

　　欲張りだね　→　多趣味なのね

　　支配的だね　→　責任感が強い、リーダーシップがある

　　自分に甘い　→　自分に素直

　　短気で頑固　→　割断が早く、意思が強い

　　その意見には反対　→　そういう意見もあるね

　　こんなことも知らないの？　→　初めて知った？

＊同じことを伝えるにも、聞き手にとって肯定的に受け止められる言葉を使うようにする。

ビジネストークが正しい人は、信頼感が得られる

●ほう・れん・そうは「客観的事実＋私見」で行う

　たとえば、上司に取引先への営業報告をするとき、次のような伝え方をしたとします。

　「競合が多く、担当者もなんとなく乗り気ではないような印象だったので、見込みは薄いと思います。」

　これでは個人の感想を述べているだけで、客観的な事実がありません。次のように伝えると、上司の判断も仰ぎやすいです。

　「担当者によると、営業をかけている競合は、わが社を含めて5社で、価格面から見ると、わが社がいちばん高いそうです。これは私見ですが、大幅な値引きかサービス面を充実させないと、かなり難しそうです。」

　「ほう（報告）・れん（連絡）・そう（相談）」のポイントは、「客観的な事実＋あなたの意見」をセットにする。それだけで伝え方が大きく変わります。

＊事実と私見を分けて伝えられる人は信頼感のある人として評価される。

良い質問が続けば、
会話も続く

●会話を楽しむための雑談

人と話すことに自信がないと、自然に人を避けるようになります。すると、周囲や目の前の人に目を向けるよりも、自分の気持ちに敏感に反応するようになり、ますます他の人を見なくなってしまいます。

その結果、人と話すことが怖くなり、会話が苦手や対人不安があるなどの悩みをもちやすくなります。

とくにSNSによるコミュニケーションが盛んな現代は、直接人と話をしなくても、インターネットを介した言葉のやりとりでコミュニケーションが成立してしまいます。

そのため、人と話すことが苦手という人、とても多いです。

会話は、言葉のキャッチボールで成立しますから、まずは質問をすることから始めましょう。

ポイントは、「相手が答えやすい」質問をする、です。

次の2つの質問を比べてみてください。

「スポーツは何かしますか？」

「さいきん、ゴルフを始めました」

「スポーツはしますか？」
「はい」

どちらの会話が弾みそうか、一目瞭然ですね。
　質問のポイントは、「いつ」「どこで」「誰が」「何を」「なぜ」「どのように」「いくらで」の5W2Hを意識することです。

●「質問＋繰り返しの言葉＋サービスの言葉＋質問」
　質問した後のキャッチボールは、
「①質問＋②繰り返しの言葉＋③サービスの言葉＋④質問」
の順につないでいくだけで、会話が続きます。
　質問したあとに、相手の話のなかからひとつ言葉を選んで繰り返し②、ひと言サービスの言葉を加え③、さらに質問④をする。それだけで話が前に進みます。次がその例です。
　「スポーツは何かしますか？①」
　「最近、ゴルフを始めました」
　「ゴルフですか②、いいですね③。始めたのはいつですか？④」
　「約半年前です」
　「半年前ですか？②、ほんとに最近ですね③。じゃあ、今度ゴルフにお誘いしてもいいですか？④」

　良い質問を重ねることはコミュニケーションのスキルアップにもなります。

＊5W2Hを意識して、相手が具体的に答えやすいような質問を振ると
　会話が続くようになる。

質問上手な人ほど、相手が喜ぶことを知っている

●聞かれた人が「うれしい」と感じる質問

　ここでは誰もが思わず心を開いてしまう、極上の質問フレーズについて紹介します。いったいどのような質問をすれば、人は心を開いてくれるのでしょうか?

　それは、聞かれた人が、「うれしい」と感じる質問です。

　うれしいと感じる質問は、相手の自尊心を満足させ、「喜んで話したい」という扉を開いてくれます。

　人が話をするとき、自尊心が満足するのは主に次の4点です。

　①自分が「得意」に思っていることを話すとき

　②自分なりの「努力やこだわり」を話すとき

　③自分が「自慢」に思っていることを話すとき

　④「自分だけが知っている」ことを話すとき

　どんな人も得意なことや努力が評価されたことなどを人前で披露できるのはうれしく思うので、そこにポイントを置いて上手に質問することが極上フレーズにつながります。

＊質問を向ける相手が喜んで答えてくれるような質問をするには、ある程度相手のことを知っておかなければできない。

090　話し方上手になるコツ⑧

心地よく聞こえるように、スピードと間を意識する

●話す「スピード」と「間」が大事

　「この人は話すのがうまいなぁ」と感じる話し方とは、どのような話し方でしょうか？

　テレビの討論番組を見ているときや講演会に参加したときなどに、このことをよく考えるのですが、判断材料のひとつとして、**聞く人が「心地よさを感じるかどうか」**があるように思います。

　その心地よさには、声や口調もありますが、多くは「間」や言葉の「スピード」や「滑舌」などによるものでしょう。

　たとえば、一語一語しっかり発音できていることや、必要な場面でしっかり間が取れていること、そして言葉に緩急をつけて、大事なところはゆっくり、そうでもないところはそれなりのスピードで話している人は、さすがだなと感心します。

　逆に、心地よさが少しも感じられない人は、早口で、まったく間を取りません。自分が言いたいことを機関銃のように発する人の話は聞いていて落ち着きません。

＊言葉を刻むスピードと間の取り方が良い話し方は心地よく、話に集中できる。

話の聞き役になると、会話がラクになる

●会話は「口ひとつに耳ふたつ」のバランスで

友人や家族と雑談をするとき、皆さんは何を話そうかなどと考えてはいないと思います。よく知っている人とは自然体でいられるからですが、これが初対面や気を使うべき相手だと、どうしても緊張しがちで、会話の糸口がつかめないことがあります。

こうしたとき、緊張して黙り込んでしまうことがきっかけで、自己嫌悪になり、会話が苦手になっていく人、結構います。

さて、対処法ですが、挨拶を交わしたあとは、相手の話を聞く姿勢になればいいのです。自分から話しはじめるのではなく、相手の話に受け応えするという受け身のスタンスです。

会話の目的を、"相手を知ること"に意識を置くと、意識が自分に向くことが少なくなり、悩まずにすみます。

会話のバランスは、「口ひとつに耳ふたつ」です。

3分の2は相手の話を聞き、自分の話は3分の1ぐらいがちょうどよいという意味です。

＊会話は言葉のキャッチボール。3分の2は相手の話を聞くようにして、自分の話は3分の1でいいと思えば気がラクになる。

感じたことを、
素直に言葉にしてみる

●**素直が一番！**

　挨拶をしたあとや名刺交換をしたあと、何を話したらよいのか
わからないという人がいますね。

　難しく考える必要はありません。

　こうしたときは、自分の目や耳や身体で感じたことをそのまま
言葉にすればいいのです。

　もしその日が晴天だったら、「今日は、いいお天気ですね」と
か、相手のファッションがステキだったら、「ステキなお洋服で
すね」と、そのまま言葉にするのです。

　喫茶店で対面しているときなら、「インテリアがおしゃれなお
店ですね」とか「コーヒーのいい香りがしますね」と、感じたこ
とを素直に言葉にすればいいのです。**素直な態度は好感度をアッ
プさせる一番の方法です。**

　あなたがひと言伝えたあとは、相手が話をする番。落ち着いて
相手の返事を待ちましょう。

＊何かいいことを言おうなどと思わずに、目や耳が感じたことを素直
　に言葉にするだけでいい。

傾聴と穏やかな言動が、
上級の話し方をつくる

●流暢さよりも誠実さ

堂々と自分の意見や考えを主張することが優秀なビジネスパーソンだと考えられている現在、流暢に人前で話せる人や饒舌な人はコミュニケーションスキルが高いと評価されがちです。

ただし、一方的に自分本位に話すようだと「この人、ちょっと自己チューかも」などと感じられなくもありません。

こうした人は話し方は上手でありながらも、コミュニケーションスキルは高くないのかもしれません。

逆に、**饒舌ではなくても、必要なときにきちんと自分の意見や考えを伝えることができる人や、人の話をきちんと聞きながら、それに対して真摯に受け応えできる人は、誠実な人として好感をもてます。**

話し方が流暢であることは望ましいですが、きちんと相手の話に耳を傾け、穏やかな言動ができることが、上級の話し方だといえるのではないでしょうか。

＊流暢さや饒舌さよりも、傾聴しながら穏やかな言動を心がけると上級の話し方ができる。

話の「誘い水」で、
会話のきっかけをつかむ

●初対面の人は「曖昧な言葉」でほめる

　話しかけるタイミングは相手によって、とくに初対面の人や心の距離が遠い人には気をつかうものです。

　そんなときは、話の「誘い水」を上手に使いましょう。

　「誘い水」とは、相手に話のきっかけを提供し、会話を円滑にするコミュニケーション技法のことです。

　話のきっかけはまずは相手の自尊心をくすぐることです。自尊心が満たされてイヤな気がする人はいません。

　初対面の相手なら女性でも男性でも、「仕事ができそうですね」とか「仕事が早そうですね」などのほめ言葉から切り出しましょう。

　面識のある女性どうしなら、「いつもおしゃれですね！」や「きれいになったんじゃない？」など美に関するほめ言葉がオススメです。

●男性なら仕事や人生の充実ぶりをほめる

　男性が喜ぶのは、仕事についてのほめ言葉。「最近、活躍してるって聞くよ」や「調子良さそうだね」などがおススメです。「バ

リバリ頑張ってるって評判だよ」というのもいいでしょう。

　ただし、断定的な誘い水は嫌われますから、要注意です。

　「悩みがあるでしょ」や「いいことがあったんだってね」など
の言い方は、よほど親しい関係でも避けたほうがよい言い方で
す。

　なぜなら、人は断定的に言われると、相手にコントロールされ
ているように感じ、本能的に「いや、別に……」と否定したくな
るからです。

●少し自己開示して話しやすい環境づくりをする

　少し自分のことを打ち明けて、話しやすい環境をつくることも
いいでしょう。

　「このごろ、体力の衰えを感じるのですが……」と自分の状態
を少し打ち明け、「部長はいつも活動的ですが、何か健康の秘訣
があるのですか？」という話の運び方です。

　相手が「健康法というほどではないけど、最近、ランニングを
始めてね」と返してくれたら、そのあとは「ランニングですか！
いいですね！　何キロぐらい走るんですか？」のように、「繰り
返しの言葉＋サービスの言葉＋質問」のツールを使えば、会話が
自然につながります。

＊話の「誘い水」の技法を使って、ほめたり、少し自己開示して質問
　したりするだけで話のきっかけがつかめる。

194

ほめられたら、
やんわりと受けて応える

●相手の「自尊心」を基準に判断

　謙虚さを美徳としてきた日本人ですが、ほめられて「いえいえ、まったくそんなことありません」などとはっきり言ってしまうと、言った本人はただ謙遜しただけなのに、相手は「強い調子で否定された」と受け止めるかもしれません。

　ほめられたらやんわりと受けて応えるのが、会話上手になるポイントです。

　「いや、それほどでも……」といったん受け止めてから、「私よりも○○さん（話し相手）のほうがゴルフ、上手じゃないですか」のように、ほめ返すというのはよくあるパターンです。営業の場面でよくあり、双方無難な受け応えなので場が和みます。

　人はほめられると自尊心が満足しますが、そのとき注意したいのが、思ってもみないことを過度にほめることです。**嘘が混じったほめ言葉は、聞くほうは白々しく思い、ほめたつもりが信用を失う**ということにもなりかねません。

＊ほめ合うことはいいが、嘘の混じった過度なほめ言葉は相手にとっては白々しく聞こえる。

相手の感情に同調すると、相手は気分よく話してくれる

●相手の気持ちに反応してあげると喜ばれる

人は「気持ちや思い」に反応されると、よく話してくれるようになります。なぜなら、「聞いてくれてる」とか「理解してくれた」と承認欲求が満たされ、心の距離が近くなるからです。

たとえば、「昨日は、遅くまで飲み会でたいへんだった」と言ったときに、

「えっ、飲みに行ったの?」とか「何があったの?」と反応されても、全然うれしくありません。

そのときに、「えーっ、それはたいへんだったね」と感情に反応すると、

「そうなんだよ、みんなはしゃぎすぎて三次会まで付き合わされそうになったんだ」と、嬉々として話しはじめます。

聞いてほしいのは「たいへんだった」という自分の感情、気持ちなのです。

●「ほめる+質問」でどんどん会話が進む

感情に反応したうえで、「ほめる+質問」を意識すると、話がどんどん進んでいきます。

「今日、部長にほめられちゃったよ」

「あら、よかったじゃない、なんでほめられたの？」

「ちょっと面倒くさい資料の整理を頼まれてたんだけど、自分なりに工夫してまとめたら、思いのほかよくできたみたいで」

「さすがだね、たいへんだった？」

「そうでもないよ、ちょっと時間はかかったけど」

「残業したんだ、エライね」

「ちょっとね、久々に頭を使った感じかな（笑）」

「そっかー、そんなに難しかったの？」

「たいしたことないんだけどね。ちょっとデータの導き方が複雑でわかりにくかったから、そこを指摘して修正しただけ」

「難しそう、さすがだね」

「ありがと」

　日ごろからほめることに慣れていないと、人をほめる言葉など、すぐには出てこないかもしれません。

　しかし、**ほめることで相手の自尊心が満たされハッピーになれるのですから、ほめること、ねぎらうこと、感謝すること、普段から意識できるといいですね。**

＊相手の感情に同調したうえで、「ほめる＋質問」を意識して会話を
　続ける。

アサーティブな自己主張は、円滑な人間関係をつくる

●互いを認め合うアサーティブな主張性

　話すことが苦手になると、自分の意見がなかなか言えず、ストレスを溜めてしまうことが多くなります。そのようなときに有効なのが、アサーティブな主張です。

　アサーティブとは、「自分も他人も尊重する」を視点に開発されたコミュニケーション技法で、お互いの考え方や主張を認め合いながら、Win・Winの関係性を築いていきます。

　もっとも簡単な主張が、何かを依頼・要求したいときです。

　「コピーとって」と言えればよいのですが、指示命令的なので抵抗があるときは、「ごめん、コピーとって」と伝えて、関係を対等にします。「ごめん」には「忙しいときに悪いけど」という言外の意味があり、関係がWin・Winになるということです。

　相手の立場やTPOを配慮しながら、自分の意見や要求も叶えることが、アサーティブな主張の基本。次項では具体的な実践法をご紹介します。

＊アサーティブの基本は、相手を尊重しながら、自分の意見もきちんと伝え、互いを認め合うこと。

アサーティブに断れば、
別の案で納得してもらえる

●いったん断り、代替案で相手に判断させる

　アサーティブな主張がもっとも必要な場面は、何かを断るときです。上司や同僚から急な頼まれごとをして断れず、つい引き受けてしまってイヤな思いをしている人は少なくありません。

　自分も相手も大切にした断り方の例、ご紹介します。

　それは、「相手に判断させる」という技法です。いったん断ってから、代替案や別の方法を提案し、その案を受けるかどうかの判断を相手に選択させて、関係をWin・Winにするのです。

　たとえば、「ゴメンナサイ、いまはとにかく時間がなくて」といったん断ります。そのあとで、「明日の3時以降なら時間ができますので、それでよかったら大丈夫ですよ」と伝え、相手に判断させるのです。

　また、「価格はこれ以上下げることはできませんが、その代わり、納期を早めることは可能です」と伝えて相手に選択権を与え、Win・Winの関係を維持します。

＊依頼などを断るときは、「こうした条件であれば、お応えできます」などの代替案が提示できると角が立たない。

099　コミュニケーション上手になるコツ①

心のバリアを解放すると、
人付き合いの負担が軽くなる

●笑顔と心臓を相手に向けて歓迎メッセージ

　それほど話していないのに何となく好感がもてる人と、この人とは付き合いたくないなと思えてしまう人がいるように、見た目はコミュニケーションに思いのほか影響します。

　あなたの外見的な印象はどうでしょうか？

　笑顔になれないほど頬の筋肉が硬くなっていませんか？

　好かれる人は、穏やかさが伝わる笑顔を見せながら、いつも「わたしはあなたを歓迎しています」というメッセージを発信しています。

　不機嫌でとげとげしい表情や態度は、周りに「誰も私に近づくな！」と言っているのと同じです。

　心を軽くして、頑なになった自分を守るバリアを解放することが、コミュニケーション上手になる第一歩です。

＊好かれる人は好かれるメッセージを発信している。忙しくても笑顔のトレーニングとスッと伸びた姿勢を意識する。

親密度によって、
人との距離の取り方が変わる

●**気持ちは距離に表れる**

アメリカの文化人類学者エドワード・ホールは、人の関係を表す物理的距離を次の4つに分類しました。

密接距離：0〜45cm。家族や恋人だけに許される距離

個体距離：45〜120cm。友人や知人など個人的交流の距離

社会距離：120〜360cm。商談や交渉など社会的役割の距離

公衆距離：360cm〜。講演など多人数にはたらきかける距離

このなかで私たちに身近なのは、「密接距離」「個体距離」「社会距離」の3つ。とくに密接距離や個体距離は、コミュニケーションを考えるときに重要です。

同僚や取引先など知り合いレベルの関係であれば、50cm以上離れて歩くことは普通ですが、恋人同士や結婚まもない人ほど重なるように密着して歩きます。

なお、心を許していない人が、家族や恋人にのみ許される45cm以内に近づくと警戒されるので、注意しましょう。

＊親しさの度合いによって、人とどのように物理的距離を取ればいいのかを考えるのもコミュニケーションの1つ。

おわりに

　最後までお読みいただき、ありがとうございました。

　あがりは脳の機能の問題、話し方はスキルの習得の問題であること、そして、あがりや話し方の悩みには、悩みの数だけの解決法があることなど、ご理解いただけたでしょうか。

●私と話し方教室との出会い

　私が、あがり症に特化した話し方教室セルフコンフィデンスを開設したのは、2004年6月のことでした。以来、この16年間で4000名以上のあがり症の方に接し、多くの方をあがり症からの解放に導いてまいりました。

　私自身があがり症であったこともあり、大学を卒業してからは就職をせずに塾を開き、その後はフリーの立場でリクルートなどで執筆の仕事を続けてきました。

　話し方教室との出会いは50歳を過ぎたころでした。ちょうどそのころ、フリーにとっては当たり前の徹夜が辛くなり、キャリアカウンセラーとして独立したいと考えていたのです。

　ところが新しい仕事には、それまで一度も経験のない「営業」が必須で、かなり迷っていました。

　というのも、フリーライターというのは「使い捨てライター」の異名もあるほど仕事や身分の保証がなく、私は長い間、「いまの仕事の内容が、次の仕事の営業」というスタンスで仕事をしてきたので、「仕事は来るもの」という考え方が染みついていて、営業というのは未知の世界の出来事だったのです。

と同時に、自分があがり症で就職をしなかったことなども思い出し、それが話し方教室との出会いとなりました。

●ひたすらスピーチの内容に驚き

通った教室は3か月コースでしたが、ただひたすらスピーチをするだけ。あがりや話し方に対する具体的な話もなく、ロングブレスなどの呼吸法とマナー教室で教わるパフォーマンス的なことがあるだけで、ひたすらスピーチで場数を踏むのです。

この、話すことに慣れましょうというスタンスの指導はあまりにもお粗末で、日本の話し方教室はいったいどうなっているのか、いろいろ調べてみました

困っている人がこれほどたくさんいるのに、あがり症にきちんと対応できる施設や人材がいない。

そのことを知ってからは、これから私がやるべきことは、あがり症の人に役立つことではないのか、そのように考えるようになりました。正直にいえば、その考えの根底にはかなり強い「怒り」があったとも思います。

「私はあがり症のために、人生をかけて就職しないという選択をした。しかし多くの人はそうはいかない。あがり症のために、どれほど辛い思いをしているか。そのような人に対して、スピーチの練習や場数であがり症は克服できる、といってビジネスにするなんて、言語道断」

話し方とあがりは関係ない。そのことすら知らずに指導していることに対する怒りが、大学院や東京認知行動療法アカデミーなどでの学びにつながり、人間を科学的に客観的に捉えることや、学んだなかから独自の理論や理論を実現するツールをつくる情熱

につながったと思います。

●あがらずに話す法則がギッシリ詰まった集大成

多くの人があがり症で悩み、主宰する講座に参加された方は、中学生から70代まで、実に幅広い年齢層に及びます。

あがり症になると人前で話すことに自信がもてなくなり、「自信がない→自分を責める→行動回避」という図式のもと、認知の歪みと社会参加への消極性が生まれます。行動を回避することは、自分を傷つけない方法、自分が安全でいることができる方法でもあるからです。

しかしそれはあまりにももったいない。

もっと社会参加して堂々と人前で話していただきたい。堂々とプレゼンをしていただきたい。

その願いのもと書き下ろしたのが本書です。あがらずに話すための法則がギッシリ詰まった、私の集大成でもあります。

自分を変えるために、気づくこと、学ぶこと、実行することのツールとして、本書が役に立てばと心から願います。

2020年5月

新田祥子

新田祥子（にった しょうこ）

エグゼクティブ・コミュニケーションカウンセラー。大学院修士人間科学修了。東京認知行動療法アカデミー研修上級修了。一般社団法人SAD社交不安障害対策協会理事長。話し方教室セルフコンフィデンス主宰。大学卒業後、編集者兼フリーランスライターとしてリクルート社他で活躍。2004年6月「あがり症の克服」と「論理的な話し方」に特化した、日本で初めての話し方教室「セルフコンフィデンス」を開設。あがり症は話し方の問題ではなく「脳」の機能の問題であることや、場数や慣れでは克服できないことを提唱。人間科学（心理学）と認知行動療法に基づく科学的な理論を背景に、最初のスピーチからドキドキせずに話せる指導法を開発。あがり症や話し方に関する商標登録も多く、根本から解決できる教室として定評がある。著書に『練習15分あがらない話し方教室』『練習15分論理力トレーニング教室』『誰とでも会話が続く話し方教室』『好かれる人の会話の法則』（以上、日本能率協会マネジメントセンター）、『もうだいじょうぶ! 心臓がドキドキせず あがらずに話せるようになる本』『うんざりな人間関係がいとも簡単によくなる本』（以上、明日香出版社）などがある。

人前であがらずに話せる100の法則

2020年5月30日　初版第1刷発行

著　者——新田祥子　　© 2020 Shoko Nitta
発行者——張 士洛
発行所——日本能率協会マネジメントセンター
〒103-6009 東京都中央区日本橋2-7-1　東京日本橋タワー
TEL 03(6362)4339(編集)／03(6362)4558(販売)
FAX 03(3272)8128(編集)／03(3272)8127(販売)
http://www.jmam.co.jp/

装　丁——冨澤 崇（EBranch）
本文DTP——株式会社森の印刷屋
印刷所——広研印刷株式会社
製本所——株式会社新寿堂

ISBN 978-4-8207-2795-8 C2034
落丁・乱丁はおとりかえします。
PRINTED IN JAPAN